Ivan Koesjnir

Economie van de Caraïben

Serie "Economie in landen"

eerst gepubliceerd: 2021
laatst bijgewerkt: 2021-02-02

Ivan Koesjnir. Economie van de Caraïben. Serie "Economie in landen". - 2021. - 71 pages.

Dit boek over de economie van de Caraïben van de jaren 1970 tot de jaren 2010. Brongegevens uit UN Data.

Grootte. In de jaren 2010 was het bruto binnenlands product van de Caraïben gelijk aan US$341,0 miljard per jaar; de waarde van de landbouw was US$10,9 miljard; de waarde van de industrie was US$91,6 miljard.

Productiviteit. In de jaren 2010 bedroeg het bruto binnenlands product per hoofd van de bevolking $8.230,0, de waarde van de landbouw per hoofd $263,5, de waarde van de industrie per hoofd $2.210,1. Omdat de productiviteit tussen het gemiddelde van onder het gemiddelde en het gemiddelde ligt, wordt de economie geclassificeerd als in ontwikkeling.

Groei. In de jaren 2010 bedroeg de groei van het bruto binnenlands product 1,5%; de groei van de landbouw was 2,3%; de groei van de industrie was 0,30%.

Structuur. In de jaren 2010 omvatte de economie van de Caraïben: diensten (36,9%), industrie (27,8%), handel (18,3%), transport (7,4%), bouw (6,3%) en landbouw (3,3%).

Uitvoer en Invoer. In de jaren 2010 was de uitvoer 12,0% hoger dan de invoer, de netto-uitvoer was gelijk aan 4,7% van het BBP.

Consumptie en reproductie. De houding van reproductie ten opzichte van de consumptie is niet beter dan het mondiale gemiddelde, dus het aandeel van het BBP in de wereld zal niet toenemen.

Serie "Economie in landen": parallel.page.link/nl

ISBN: 9798701848656

Inhoud

Part I. Grootte

	de jaren 2010
BBP	US$341,0 miljard
Het aandeel in de wereld	0,44%
Het aandeel in Amerika	1,3%

Hoofdstuk I. Bruto binnenlands product

Het bruto binnenlands product van de Caraïben steeg van US$33,4 miljard per jaar in de jaren 1970 tot US$341,0 miljard per jaar in de jaren 2010, dat wil zeggen met US$307,7 miljard of 10,2 keer. De verandering vond plaats op US$243,6 miljard als gevolg van een 3,5-voudige stijging van de prijzen, en ook op US$45,2 miljard als gevolg van een 1,9-voudige toename van de productiviteit , evenals op US$18,8 miljard als gevolg van de toename van de bevolking. De gemiddelde jaarlijkse groei van het BBP is 2,8%. De minimumwaarde van het bruto binnenlands product bedroeg US$17,3 miljard in 1970. De maximumwaarde van het BBP bedroeg US$389,0 miljard in 2019.

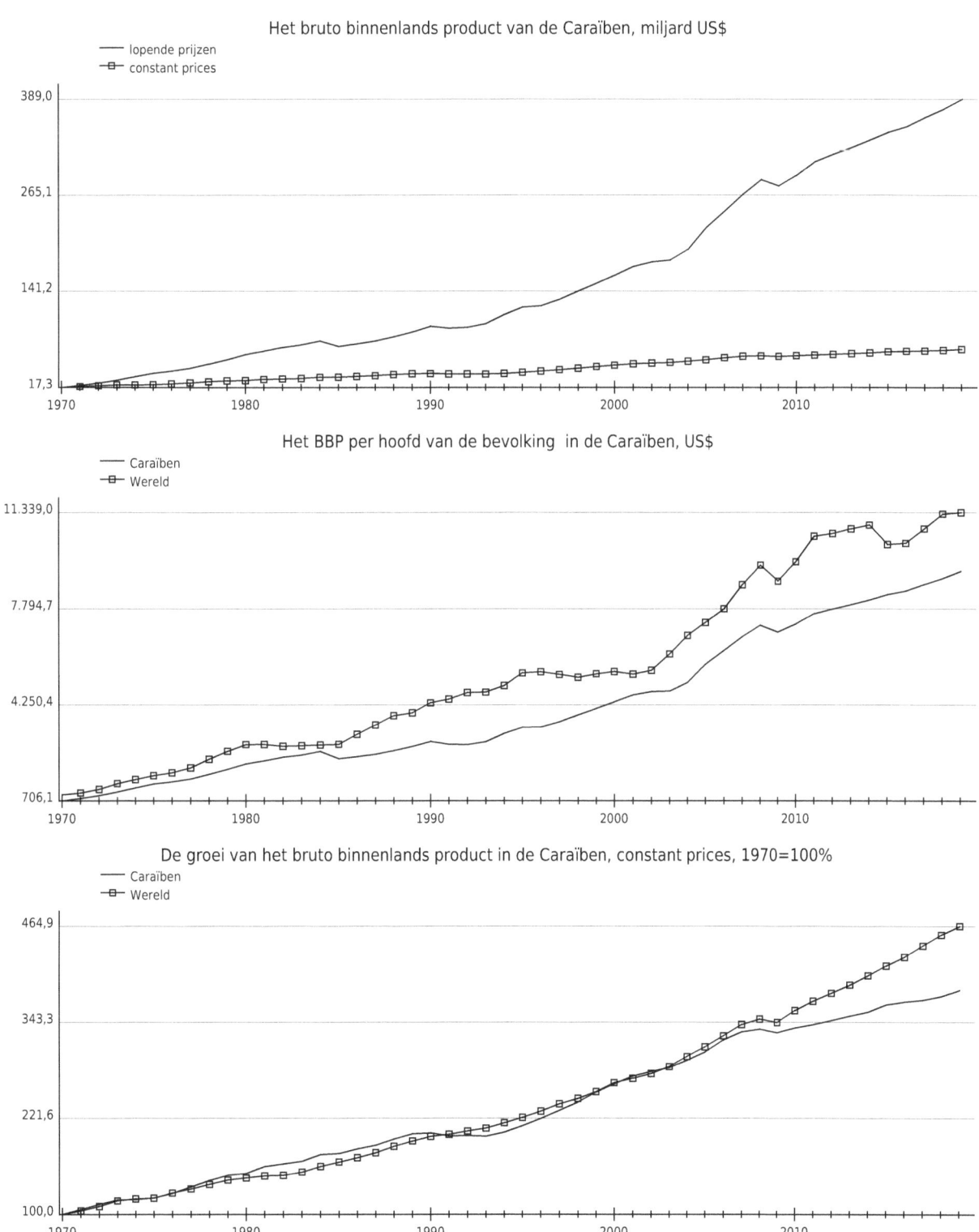

Het bruto binnenlands product van de Caraïben, miljard US$

Het BBP per hoofd van de bevolking in de Caraïben, US$

De groei van het bruto binnenlands product in de Caraïben, constant prices, 1970=100%

de jaren 1970

Het BBP van de Caraïben bedroeg in de jaren 1970 US$33,4 miljard per jaar, en was vergelijkbaar met Indonesië (US$33,7 miljard), Joegoslavië (US$33,7 miljard), Oost-Afrika (US$34,1 miljard). Het aandeel in de wereld was 0,51%, en 1,5% in Amerika.

Het BBP van de Caraïben bestond uit: huishoudelijke uitgaven (64,5%), kapitaalvorming (23,7%) en overheidsuitgaven (20,1%).

Het bruto binnenlands product per hoofd in de Caraïben was $1.258,7 in de jaren 1970s. Het BBP per hoofd in de Caraïben was 22,3% lager dan het bruto binnenlands product per hoofd van de bevolking in de wereld ($1.620,8), en was in 3,2 keer lager dan het bruto binnenlands product per hoofd van de bevolking in Amerika ($1.620,8).

De groei van het BBP in de Caraïben bedroeg 4.6% in de jaren 1970, en was vergelijkbaar met Afrika (4,5%), Puerto Rico (4,6%), Congo (4,6%). De groei van het bruto binnenlands product in de Caraïben (4,6%) was groter dan de groei van het bruto binnenlands product in de wereld (4,1%), was groter dan de groei van het BBP in Amerika (4,1%).

Vergelijking met subregio's. Het BBP van de Caraïben was minder dan in Noord-Amerika (US$1,9 biljoen), in Zuid-Amerika (US$246,0 miljard) en in Centraal-Amerika (US$107,0 miljard). Het BBP per hoofd in de Caraïben was in de Caraïben groter dan in Zuid-Amerika (US$1.154,7); maar minder dan in Noord-Amerika (US$7,8 duizend) en in Centraal-Amerika (US$1.353,3). De groei van het bruto binnenlands product in de Caraïben was groter dan in Noord-Amerika (3,6%); maar minder dan in Centraal-Amerika (6,2%) en in Zuid-Amerika (5,8%).

Leiders. Het bruto binnenlands product van de Caraïben in de jaren 1970 bestond uit: Cuba (36,2%), Puerto Rico (25,1%), Dominicaanse Republiek (12,3%), Jamaica (8,6%), Trinidad en Tobago (6,7%), en andere (11,0%). Het bruto binnenlands product per hoofd in de Caraïben onder de leiders: Puerto Rico ($2.965,2), Trinidad en Tobago ($2.236,1), Jamaica ($1.434,9), Cuba ($1.292,9) en Dominicaanse Republiek ($807,3). De groei van het bruto binnenlands product onder de leiders: Dominicaanse Republiek (7,0%), Cuba (5,4%), Trinidad en Tobago (4,7%), Puerto Rico (4,6%) en Jamaica (-0,19%).

de jaren 1980

Het BBP van de Caraïben bedroeg in de jaren 1980 US$73,3 miljard per jaar. Het aandeel in de wereld was 0,49%, en 1,4% in Amerika.

Het BBP van de Caraïben bestond uit: huishoudelijke uitgaven (63,7%), kapitaalvorming (20,9%) en overheidsuitgaven (19,5%).

Het BBP per hoofd in de Caraïben was $2.381,6 in de jaren 1980s, en was vergelijkbaar met Zuidelijk Afrika (US$2,4 duizend), Algerije (US$2,4 duizend), Centraal-Amerika (US$2,4 duizend). Het bruto binnenlands product per hoofd in de Caraïben was 23,7% lager dan het bruto binnenlands product per hoofd van de bevolking in de wereld ($3.123,4), en was in 3,4 keer lager dan het bruto binnenlands product per hoofd van de bevolking in Amerika ($3.123,4).

De groei van het BBP in de Caraïben bedroeg 3% in de jaren 1980, en was vergelijkbaar met Jordanië (3,1%), Panama (3,1%), Groenland (3,1%). De groei van het BBP in de Caraïben (3,0%) was groter dan de groei van het BBP in de wereld (3,0%), was groter dan de groei van het bruto binnenlands product in Amerika (2,8%).

Vergelijking met subregio's. Het bruto binnenlands product van de Caraïben was minder dan in Noord-Amerika (US$4,6 biljoen), in Zuid-Amerika (US$531,7 miljard) en in Centraal-Amerika (US$244,6 miljard). Het bruto binnenlands product per hoofd in de Caraïben was in de Caraïben groter dan in Zuid-Amerika (US$2,0 duizend); maar minder dan in Noord-Amerika (US$17,2 duizend) en in Centraal-Amerika (US$2,4 duizend). De groei van het BBP in de Caraïben was groter dan in Centraal-Amerika (2,0%) en in Zuid-Amerika (1,7%); maar minder dan in Noord-Amerika (3,1%).

Leiders. Het bruto binnenlands product van de Caraïben in de jaren 1980 bestond uit: Cuba (31,9%), Puerto Rico (28,3%), Dominicaanse Republiek (11,5%), Trinidad en Tobago (8,6%), Jamaica (5,1%), en andere (14,6%). Het BBP per hoofd in de Caraïben onder de leiders: Puerto Rico ($6.386,8), Trinidad en Tobago ($5.434,1), Cuba ($2.314,0), Jamaica ($1.627,6) en Dominicaanse Republiek ($1.313,6). De groei van het BBP onder de leiders: Cuba (3,9%), Dominicaanse Republiek (3,7%), Puerto Rico (3,3%), Jamaica (1,3%) en Trinidad en Tobago (-1,6%).

de jaren 1990

Het bruto binnenlands product van de Caraïben bedroeg in de jaren 1990 US$115,9 miljard per jaar, en was vergelijkbaar met Iran (US$113,3 miljard). Het aandeel in de wereld was 0,41%, en 1,2% in Amerika.

Het BBP van de Caraïben bestond uit: huishoudelijke uitgaven (64,1%), kapitaalvorming (18,4%), overheidsuitgaven (16,0%) en netto-uitvoer (1,1%).

Het BBP per hoofd in de Caraïben was $3.311,6 in de jaren 1990s, en was vergelijkbaar met Panama (US$3,3 duizend), Slowakije (US$3,3 duizend), Polen (US$3,3 duizend). Het BBP per hoofd in de Caraïben was 34,0% lager dan het bruto binnenlands product per hoofd van de bevolking in de wereld ($5.020,1), en was in 3,9 keer lager dan het bruto binnenlands product per hoofd van de bevolking in Amerika ($5.020,1).

De groei van het bruto binnenlands product in de Caraïben bedroeg 2.3% in de jaren 1990, en was vergelijkbaar met Dominica (2,3%), Koeweit (2,3%), Canada (2,4%). De groei van het BBP in de Caraïben (2,3%) was minder dan de groei van het BBP in de wereld (2,8%), was minder dan de groei van het bruto binnenlands product in Amerika (3,1%).

Vergelijking met subregio's. Het BBP van de Caraïben was minder dan in Noord-Amerika (US$8,2 biljoen), in Zuid-Amerika (US$1,2 biljoen) en in Centraal-Amerika (US$499,4 miljard). Het bruto binnenlands product per hoofd in de Caraïben was in de Caraïben minder dan in Noord-Amerika (US$27,9 duizend), in Centraal-Amerika (US$4,0 duizend) en in Zuid-Amerika (US$3,8 duizend). De groei van het BBP in de Caraïben was minder dan in Centraal-Amerika (3,7%), in Noord-Amerika (3,1%) en in Zuid-Amerika (2,5%).

Leiders. Het bruto binnenlands product van de Caraïben in de jaren 1990 bestond uit: Puerto Rico (36,9%), Cuba (22,5%), Dominicaanse Republiek (13,2%), Jamaica (5,6%), Bahama's (4,8%), en andere (16,9%). Het bruto binnenlands product per hoofd in de Caraïben onder de leiders: Bahama's ($20.090,0), Puerto Rico ($12.082,6), Jamaica ($2.582,3), Cuba ($2.401,8) en Dominicaanse Republiek ($1.976,9). De groei van het bruto binnenlands product onder de leiders: Dominicaanse Republiek (4,9%), Puerto Rico (4,2%), Bahama's (2,0%), Jamaica (1,9%) en Cuba (-2,3%).

de jaren 2000

Het BBP van de Caraïben bedroeg in de jaren 2000 US$218,5 miljard per jaar, en was vergelijkbaar met Zuid-Afrika (US$219,3 miljard). Het aandeel in de wereld was 0,47%, en 1,3% in Amerika.

Het BBP van de Caraïben bestond uit: huishoudelijke uitgaven (60,1%), kapitaalvorming (18,3%), overheidsuitgaven (16,2%) en netto-uitvoer (5,2%).

Het bruto binnenlands product per hoofd in de Caraïben was $5.662,8 in de jaren 2000s, en was vergelijkbaar met Mauritius (US$5,6 duizend), Maleisië (US$5,7 duizend), Oost-Azië (US$5,6 duizend). Het BBP per hoofd in de Caraïben was 21,1% lager dan het bruto binnenlands product per hoofd van de bevolking in de wereld ($7.176,3), en was in 3,4 keer lager dan het bruto binnenlands product per hoofd van de bevolking in Amerika ($7.176,3).

De groei van het bruto binnenlands product in de Caraïben bedroeg 2.6% in de jaren 2000, en was vergelijkbaar met Spanje (2,6%). De groei van het BBP in de Caraïben (2,6%) was minder dan de groei van het BBP in de wereld (3,0%), was groter dan de groei van het BBP in Amerika (2,1%).

Vergelijking met subregio's. Het BBP van de Caraïben was minder dan in Noord-Amerika (US$13,7 biljoen), in Zuid-Amerika (US$1,8 biljoen) en in Centraal-Amerika (US$963,8 miljard). Het BBP per hoofd in de Caraïben was in de Caraïben groter dan in Zuid-Amerika (US$5,0 duizend); maar minder dan in Noord-Amerika (US$42,0 duizend) en in Centraal-Amerika (US$6,6 duizend). De groei van het bruto binnenlands product in de Caraïben was groter dan in Noord-Amerika (1,9%) en in Centraal-Amerika (1,8%); maar minder dan in Zuid-Amerika (3,3%).

Leiders. Het BBP van de Caraïben in de jaren 2000 bestond uit: Puerto Rico (37,2%), Cuba (20,4%), Dominicaanse Republiek (15,1%), Trinidad en Tobago (7,0%), Jamaica (5,0%), en andere (15,2%). Het bruto binnenlands product per hoofd in de Caraïben onder de leiders: Puerto Rico ($22.331,3), Trinidad en Tobago ($11.910,0), Jamaica ($4.005,1), Cuba ($3.982,0) en Dominicaanse Republiek ($3.658,5). De groei van het bruto binnenlands product onder de leiders: Trinidad en Tobago (6,3%), Cuba (5,6%), Dominicaanse Republiek (4,6%), Jamaica (0,75%) en Puerto Rico (0,49%).

de jaren 2010

Het BBP van de Caraïben bedroeg in de jaren 2010 US$341,0 miljard per jaar, en was vergelijkbaar met Denemarken (US$334,5 miljard). Het aandeel in de wereld was 0,44%, en 1,3% in Amerika.

Het bruto binnenlands product van de Caraïben bestond uit: huishoudelijke uitgaven (63,4%), overheidsuitgaven (16,1%), kapitaalvorming (15,8%) en netto-uitvoer (4,7%).

Het bruto binnenlands product per hoofd in de Caraïben was $8.230,0 in de jaren 2010s, en was vergelijkbaar met Centraal-Amerika (US$8,4 duizend). Het bruto binnenlands product per hoofd in de Caraïben was 22,4% lager dan het bruto binnenlands product per hoofd van de bevolking in de wereld ($10.603,1), en was in 3,2 keer lager dan het bruto binnenlands product per hoofd van de bevolking in Amerika ($10.603,1).

De groei van het BBP in de Caraïben bedroeg 1.5% in de jaren 2010, en was vergelijkbaar met Noorwegen (1,5%), Saint Lucia (1,5%). De groei van het BBP in de Caraïben (1,5%) was minder dan de groei van het BBP in de wereld (3,1%), was minder dan de groei van het bruto binnenlands product in Amerika (2,2%).

Vergelijking met subregio's. Het BBP van de Caraïben was 57,7 keer minder dan in Noord-Amerika (US$19,7 biljoen), 11,8 keer minder dan in Zuid-Amerika (US$4,0 biljoen) en 4,1 keer minder dan in Centraal-Amerika (US$1,4 biljoen). Het BBP per hoofd in de Caraïben was in de Caraïben6,7 keer minder dan in Noord-Amerika (US$55,4 duizend), 16,4% minder dan in Zuid-Amerika (US$9,8 duizend) en 2,1% minder dan in Centraal-Amerika (US$8,4 duizend). De groei van het bruto binnenlands product in de Caraïben was groter dan in Zuid-Amerika (1,2%); maar minder dan in Centraal-Amerika (2,9%) en in Noord-Amerika (2,3%).

Leiders. Het BBP van de Caraïben in de jaren 2010 bestond uit: Puerto Rico (30,0%), Cuba (24,8%), Dominicaanse Republiek (20,6%), Trinidad en Tobago (7,2%), Jamaica (4,3%), en andere (13,2%). Het BBP per hoofd in de Caraïben onder de leiders: Puerto Rico ($30.576,4), Trinidad en Tobago ($17.955,6), Cuba ($7.484,5), Dominicaanse Republiek ($6.875,8) en Jamaica ($5.042,9). De groei van het bruto binnenlands product onder de leiders: Dominicaanse Republiek (5,6%), Cuba (2,3%), Jamaica (0,69%), Trinidad en Tobago (-0,30%) en Puerto Rico (-1,1%).

Hoofdstuk II. Toegevoegde waarde

De toegevoegde waarde van de Caraïben steeg van US$34,1 miljard per jaar in de jaren 1970 tot US$329,3 miljard per jaar in de jaren 2010, dat wil zeggen met US$295,1 miljard of 9,6 keer. De verandering vond plaats op US$230,0 miljard als gevolg van een 3,3-voudige stijging van de prijzen, en ook op US$45,8 miljard als gevolg van een 1,9-voudige toename van de productiviteit , evenals op US$19,3 miljard als gevolg van de toename van de bevolking. De gemiddelde jaarlijkse groei van de toegevoegde waarde is 2,8%. De minimumwaarde van de toegevoegde waarde bedroeg US$17,5 miljard in 1970. De maximumwaarde van de toegevoegde waarde bedroeg US$373,0 miljard in 2019.

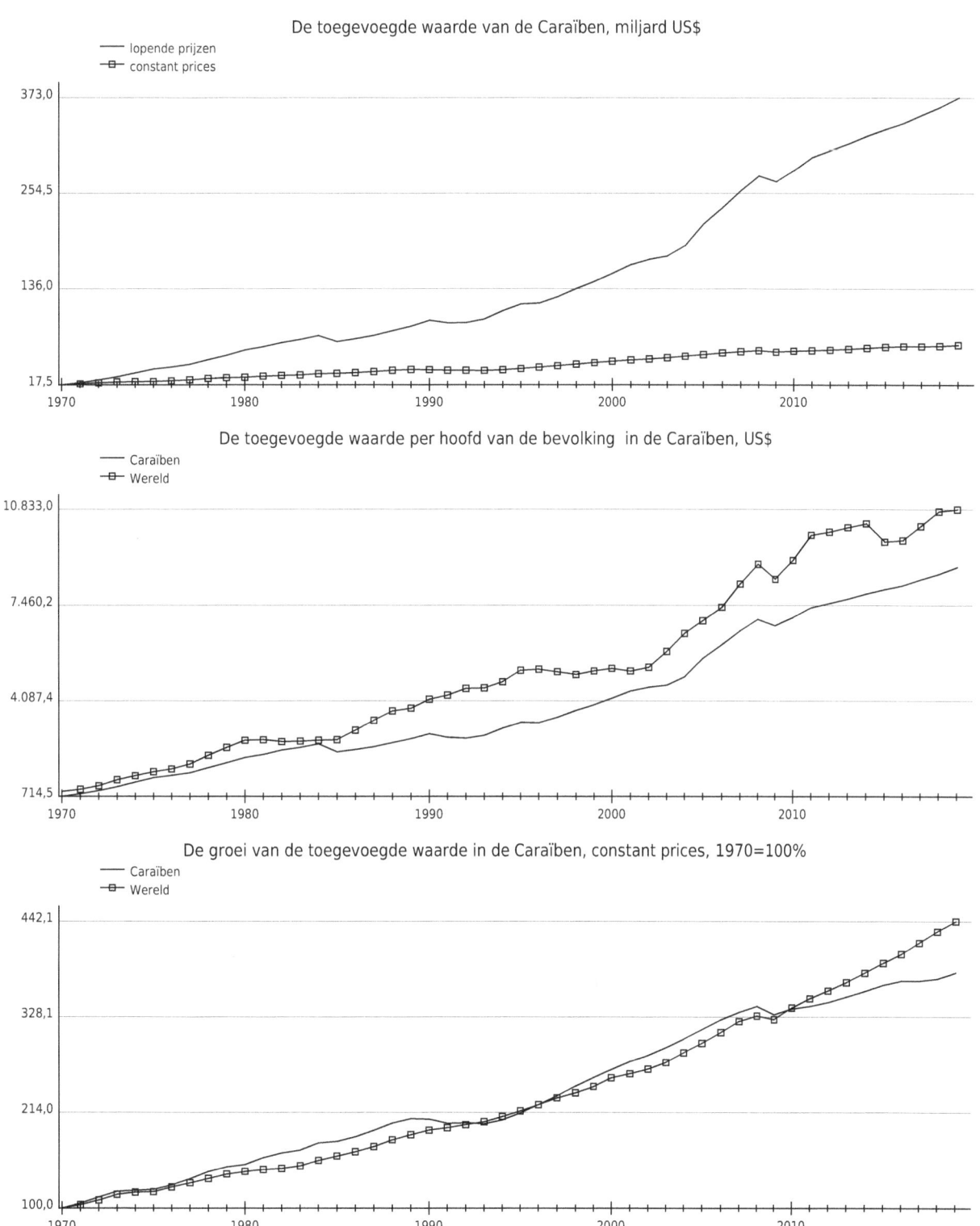

De toegevoegde waarde van de Caraïben, miljard US$

De toegevoegde waarde per hoofd van de bevolking in de Caraïben, US$

De groei van de toegevoegde waarde in de Caraïben, constant prices, 1970=100%

de jaren 1970

De toegevoegde waarde van de Caraïben bedroeg in de jaren 1970 US$34,1 miljard per jaar, en was vergelijkbaar met Denemarken (US$34,3 miljard), Zuidelijk Afrika (US$34,4 miljard), Oostenrijk (US$34,9 miljard). Het aandeel in de wereld was 0,54%, en 1,5% in Amerika.

De totale toegevoegde waarde van de Caraïben bestond uit: diensten (30,7%), industrie (24,2%), handel (21,9%), landbouw (9,0%), transport (7,7%) en bouw (6,5%).

De toegevoegde waarde per hoofd in de Caraïben was $1.288,7 in de jaren 1970s, en was vergelijkbaar met Bulgarije (US$1.294,4), Libanon (US$1.300,9), Zuid-Afrika (US$1.313,8). De toegevoegde waarde per hoofd in de Caraïben was 17,6% lager dan de toegevoegde waarde per hoofd van de bevolking in de wereld ($1.564,4), en was in 3,1 keer lager dan de toegevoegde waarde per hoofd van de bevolking in Amerika ($1.564,4).

De groei van de toegevoegde waarde in de Caraïben bedroeg 4.5% in de jaren 1970, en was vergelijkbaar met Jordanië (4,6%). De groei van de toegevoegde waarde in de Caraïben (4,5%) was groter dan de groei van de toegevoegde waarde in de wereld (3,9%), was groter dan de groei van de toegevoegde waarde in Amerika (3,5%).

Vergelijking met subregio's. De toegevoegde waarde van de Caraïben was minder dan in Noord-Amerika (US$1,9 biljoen), in Zuid-Amerika (US$233,5 miljard) en in Centraal-Amerika (US$112,1 miljard). De toegevoegde waarde per hoofd in de Caraïben was in de Caraïben groter dan in Zuid-Amerika (US$1.095,7); maar minder dan in Noord-Amerika (US$7,7 duizend) en in Centraal-Amerika (US$1.417,5). De groei van de toegevoegde waarde in de Caraïben was groter dan in Noord-Amerika (3,0%); maar minder dan in Centraal-Amerika (6,3%) en in Zuid-Amerika (6,0%).

Leiders. De toegevoegde waarde van de Caraïben in de jaren 1970 bestond uit: Cuba (38,7%), Puerto Rico (24,1%), Dominicaanse Republiek (12,1%), Jamaica (8,3%), Trinidad en Tobago (6,8%), en andere (10,0%). De toegevoegde waarde per hoofd in de Caraïben onder de leiders: Puerto Rico ($2.912,6), Trinidad en Tobago ($2.317,4), Cuba ($1.417,2), Jamaica ($1.409,8) en Dominicaanse Republiek ($813,3). De groei van de toegevoegde waarde onder de leiders: Dominicaanse Republiek (7,6%), Cuba (5,4%), Trinidad en Tobago (5,2%), Puerto Rico (4,1%) en Jamaica (-0,84%).

de jaren 1980

De toegevoegde waarde van de Caraïben bedroeg in de jaren 1980 US$74,3 miljard per jaar, en was vergelijkbaar met Zuid-Afrika (US$75,9 miljard). Het aandeel in de wereld was 0,51%, en 1,4% in Amerika.

De totale toegevoegde waarde van de Caraïben bestond uit: diensten (32,1%), industrie (25,6%), handel (20,9%), landbouw (7,9%), vervoer (7,6%) en constructie (5,9%).

De toegevoegde waarde per hoofd in de Caraïben was $2.414,2 in de jaren 1980s, en was vergelijkbaar met Uruguay (US$2,4 duizend). De toegevoegde waarde per hoofd in de Caraïben was 20,3% lager dan de toegevoegde waarde per hoofd van de bevolking in de wereld ($3.029,9), en was in 3,4 keer lager dan de toegevoegde waarde per hoofd van de bevolking in Amerika ($3.029,9).

De groei van de toegevoegde waarde in de Caraïben bedroeg 3.3% in de jaren 1980, en was vergelijkbaar met Noorwegen (3,3%). De groei van de toegevoegde waarde in de Caraïben (3,3%) was groter dan de groei van de toegevoegde waarde in de wereld (2,9%), was groter dan de groei van de toegevoegde waarde in Amerika (2,7%).

Vergelijking met subregio's. De toegevoegde waarde van de Caraïben was minder dan in Noord-Amerika (US$4,5 biljoen), in Zuid-Amerika (US$526,2 miljard) en in Centraal-Amerika (US$264,1 miljard). De toegevoegde waarde per hoofd in de Caraïben was in de Caraïben groter dan in Zuid-Amerika (US$1.984,8); maar minder dan in Noord-Amerika (US$17,1 duizend) en in Centraal-Amerika (US$2,6 duizend). De groei van de toegevoegde waarde in de Caraïben was groter dan in Noord-Amerika (2,8%), in Centraal-Amerika (2,1%) en in Zuid-Amerika (1,9%).

Leiders. De toegevoegde waarde van de Caraïben in de jaren 1980 bestond uit: Cuba (34,6%), Puerto Rico (27,2%), Dominicaanse Republiek (10,9%), Trinidad en Tobago (8,8%), Jamaica (5,1%), en andere (13,4%). De toegevoegde waarde per hoofd in de Caraïben onder de leiders: Puerto Rico ($6.239,3), Trinidad en Tobago ($5.629,5), Cuba ($2.540,0), Jamaica ($1.650,6) en Dominicaanse Republiek ($1.268,2). De groei van de toegevoegde waarde onder de leiders: Puerto Rico (4,1%), Cuba (3,9%), Dominicaanse Republiek (3,9%), Jamaica (1,6%) en Trinidad en Tobago (-2,1%).

de jaren 1990

De toegevoegde waarde van de Caraïben bedroeg in de jaren 1990 US$113,5 miljard per jaar, en was vergelijkbaar met Polen (US$113,3 miljard), Iran (US$112,6 miljard), Griekenland (US$115,3 miljard). Het aandeel in de wereld was 0,41%, en 1,2% in Amerika.

De totale toegevoegde waarde van de Caraïben bestond uit: diensten (35,5%), industrie (28,5%), handel (18,7%), transport (6,5%), bouw (5,5%) en landbouw (5,3%).

De toegevoegde waarde per hoofd in de Caraïben was $3.242,8 in de jaren 1990s. De toegevoegde waarde per hoofd in de Caraïben was 32,4% lager dan de toegevoegde waarde per hoofd van de bevolking in de wereld ($4.799,9), en was in 3,9 keer lager dan de toegevoegde waarde per hoofd van de bevolking in Amerika ($4.799,9).

De groei van de toegevoegde waarde in de Caraïben bedroeg 2.2% in de jaren 1990, en was vergelijkbaar met België (2,1%), Gabon (2,2%), Polen (2,2%). De groei van de toegevoegde waarde in de Caraïben (2,2%) was minder dan de groei van de toegevoegde waarde in de wereld (2,7%), was minder dan de groei van de toegevoegde waarde in Amerika (2,8%).

Vergelijking met subregio's. De toegevoegde waarde van de Caraïben was minder dan in Noord-Amerika (US$8,1 biljoen), in Zuid-Amerika (US$1,1 biljoen) en in Centraal-Amerika (US$484,3 miljard). De toegevoegde waarde per hoofd in de Caraïben was in de Caraïben minder dan in Noord-Amerika (US$27,7 duizend), in Centraal-Amerika (US$3,9 duizend) en in Zuid-Amerika (US$3,5 duizend). De groei van de toegevoegde waarde in de Caraïben was minder dan in Centraal-Amerika (3,5%), in Noord-Amerika (2,8%) en in Zuid-Amerika (2,5%).

Leiders. De toegevoegde waarde van de Caraïben in de jaren 1990 bestond uit: Puerto Rico (37,3%), Cuba (23,7%), Dominicaanse Republiek (12,4%), Jamaica (5,4%), Trinidad en Tobago (4,9%), en andere (16,3%). De toegevoegde waarde per hoofd in de Caraïben onder de leiders: Puerto Rico ($11.956,8), Trinidad en Tobago ($4.478,0), Cuba ($2.474,1), Jamaica ($2.451,6) en Dominicaanse Republiek ($1.815,7). De groei van de toegevoegde waarde onder de leiders: Dominicaanse Republiek (4,5%), Puerto Rico (4,0%), Trinidad en Tobago (3,5%), Jamaica (2,3%) en Cuba (-2,5%).

de jaren 2000

De toegevoegde waarde van de Caraïben bedroeg in de jaren 2000 US$211,7 miljard per jaar, en was vergelijkbaar met Griekenland (US$212,8 miljard), Argentinië (US$209,4 miljard), Zuidelijk Afrika (US$215,3 miljard). Het aandeel in de wereld was 0,48%, en 1,3% in Amerika.

De totale toegevoegde waarde van de Caraïben bestond uit: diensten (37,3%), industrie (29,5%), handel (17,3%), vervoer (6,9%), constructie (5,7%) en landbouw (3,2%).

De toegevoegde waarde per hoofd in de Caraïben was $5.485,7 in de jaren 2000s, en was vergelijkbaar met Grenada (US$5,5 duizend), Oost-Azië (US$5,5 duizend), Argentinië (US$5,4 duizend). De toegevoegde waarde per hoofd in de Caraïben was 19,5% lager dan de toegevoegde waarde per hoofd van de bevolking in de wereld ($6.818,0), en was in 3,4 keer lager dan de toegevoegde waarde per hoofd van de bevolking in Amerika ($6.818,0).

De groei van de toegevoegde waarde in de Caraïben bedroeg 2.6% in de jaren 2000. De groei van de toegevoegde waarde in de Caraïben (2,6%) was minder dan de groei van de toegevoegde waarde in de wereld (2,9%), was groter dan de groei van de toegevoegde waarde in Amerika (1,9%).

Vergelijking met subregio's. De toegevoegde waarde van de Caraïben was minder dan in Noord-Amerika (US$13,6 biljoen), in Zuid-Amerika (US$1,6 biljoen) en in Centraal-Amerika (US$920,8 miljard). De toegevoegde waarde per hoofd in de Caraïben was in de Caraïben groter dan in Zuid-Amerika (US$4,3 duizend); maar minder dan in Noord-Amerika (US$41,8 duizend) en in Centraal-Amerika (US$6,3 duizend). De groei van de toegevoegde waarde in de Caraïben was groter dan in Centraal-Amerika (1,8%) en in Noord-Amerika (1,7%); maar minder dan in Zuid-Amerika (3,1%).

Leiders. De toegevoegde waarde van de Caraïben in de jaren 2000 bestond uit: Puerto Rico (38,1%), Cuba (20,9%), Dominicaanse Republiek (14,5%), Trinidad en Tobago (7,2%), Jamaica (4,7%), en andere (14,6%). De toegevoegde waarde per hoofd in de Caraïben onder de leiders: Puerto Rico ($22.196,5), Trinidad en Tobago ($11.801,8), Cuba ($3.936,0), Jamaica ($3.671,0) en Dominicaanse Republiek ($3.389,5). De groei van de toegevoegde waarde onder de leiders: Trinidad en Tobago (6,0%), Cuba (5,6%), Dominicaanse Republiek (3,5%), Jamaica (0,87%) en Puerto Rico (0,83%).

de jaren 2010

De toegevoegde waarde van de Caraïben bedroeg in de jaren 2010 US$329,3 miljard per jaar, en was vergelijkbaar met Zuid-Afrika

(US$322,0 miljard). Het aandeel in de wereld was 0,44%, en 1,3% in Amerika.

De totale toegevoegde waarde van de Caraïben bestond uit: diensten (36,9%), industrie (27,8%), handel (18,3%), transport (7,4%), bouw (6,3%) en landbouw (3,3%).

De toegevoegde waarde per hoofd in de Caraïben was $7.946,0 in de jaren 2010s, en was vergelijkbaar met Gabon (US$8,0 duizend), Centraal-Amerika (US$8,0 duizend), de Maldiven (US$7,8 duizend). De toegevoegde waarde per hoofd in de Caraïben was 21,3% lager dan de toegevoegde waarde per hoofd van de bevolking in de wereld ($10.094,6), en was in 3,2 keer lager dan de toegevoegde waarde per hoofd van de bevolking in Amerika ($10.094,6).

De groei van de toegevoegde waarde in de Caraïben bedroeg 1.4% in de jaren 2010. De groei van de toegevoegde waarde in de Caraïben (1,4%) was minder dan de groei van de toegevoegde waarde in de wereld (3,1%), was minder dan de groei van de toegevoegde waarde in Amerika (2,1%).

Vergelijking met subregio's. De toegevoegde waarde van de Caraïben was 59,4 keer minder dan in Noord-Amerika (US$19,6 biljoen), 10,7 keer minder dan in Zuid-Amerika (US$3,5 biljoen) en 4,1 keer minder dan in Centraal-Amerika (US$1,3 biljoen). De toegevoegde waarde per hoofd in de Caraïben was in de Caraïben6,9 keer minder dan in Noord-Amerika (US$55,1 duizend), 7,7% minder dan in Zuid-Amerika (US$8,6 duizend) en 0,56% minder dan in Centraal-Amerika (US$8,0 duizend). De groei van de toegevoegde waarde in de Caraïben was groter dan in Zuid-Amerika (1,3%); maar minder dan in Centraal-Amerika (2,9%) en in Noord-Amerika (2,2%).

Leiders. De toegevoegde waarde van de Caraïben in de jaren 2010 bestond uit: Puerto Rico (31,0%), Cuba (25,4%), Dominicaanse Republiek (19,9%), Trinidad en Tobago (7,3%), Jamaica (3,9%), en andere (12,6%). De toegevoegde waarde per hoofd in de Caraïben onder de leiders: Puerto Rico ($30.490,9), Trinidad en Tobago ($17.670,3), Cuba ($7.403,7), Dominicaanse Republiek ($6.403,1) en Jamaica ($4.423,2). De groei van de toegevoegde waarde onder de leiders: Dominicaanse Republiek (5,6%), Cuba (2,3%), Jamaica (0,53%), Trinidad en Tobago (-0,24%) en Puerto Rico (-1,3%).

Hoofdstuk III. Bruto nationaal inkomen

Het bruto nationaal inkomen van de Caraïben steeg van US$31,0 miljard per jaar in de jaren 1970 tot US$299,6 miljard per jaar in de jaren 2010, dat wil zeggen met US$268,6 miljard of 9,7 keer. De verandering vond plaats op US$214,2 miljard als gevolg van een 3,5-voudige stijging van de prijzen, en ook op US$36,9 miljard als gevolg van een 1,8-voudige toename van de productiviteit , evenals op US$17,5 miljard als gevolg van de toename van de bevolking. De gemiddelde jaarlijkse groei van het bruto nationaal inkomen is 2,7%. De minimumwaarde van het bruto nationaal inkomen bedroeg US$16,1 miljard in 1970. De maximumwaarde van het BNI bedroeg US$345,9 miljard in 2019.

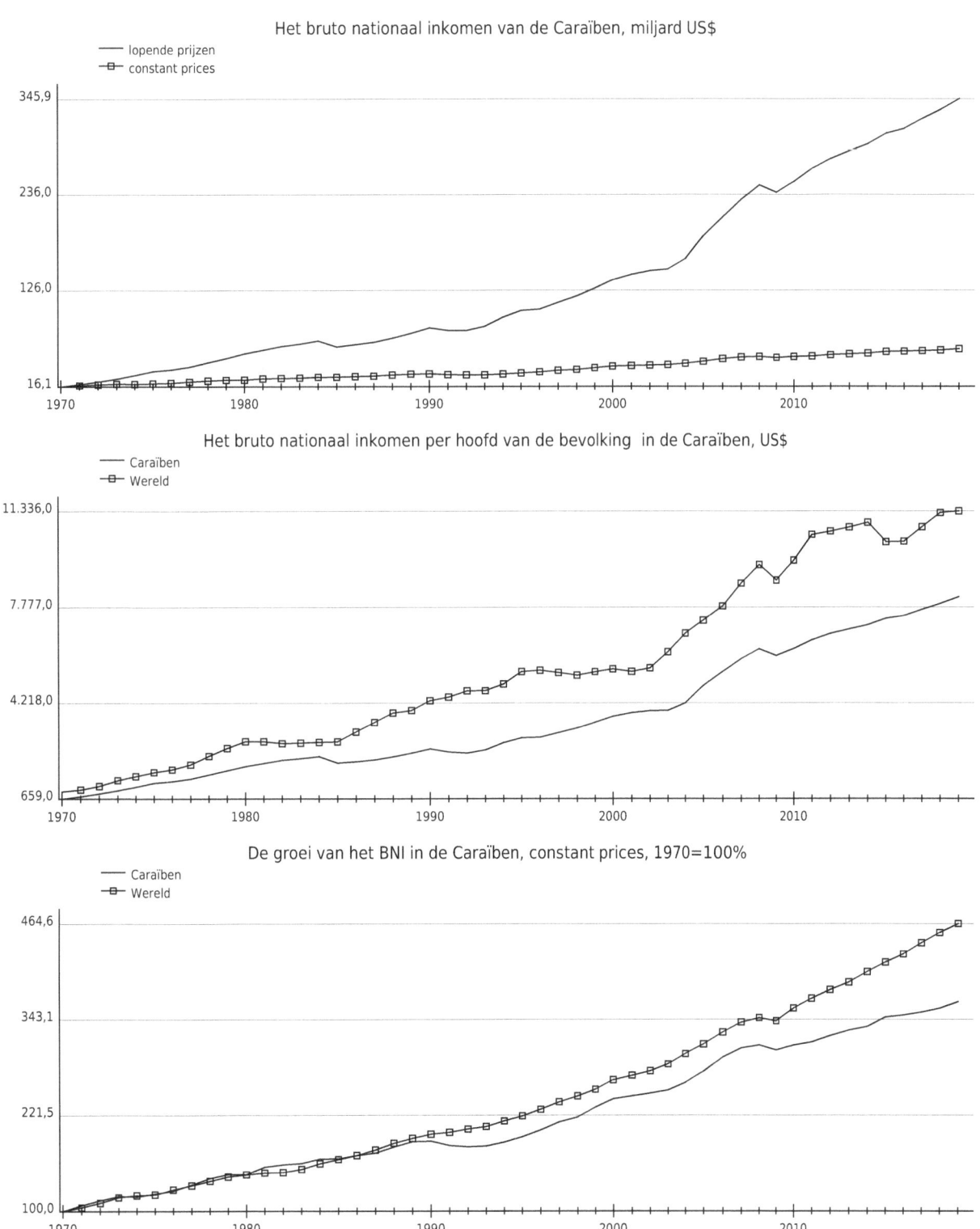

Het bruto nationaal inkomen van de Caraïben, miljard US$

Het bruto nationaal inkomen per hoofd van de bevolking in de Caraïben, US$

De groei van het BNI in de Caraïben, constant prices, 1970=100%

de jaren 1970

Het BNI van de Caraïben bedroeg in de jaren 1970 US$31,0 miljard per jaar, en was vergelijkbaar met Venezuela (US$30,3 miljard). Het aandeel in de wereld was 0,47%, en 1,4% in Amerika.

Het bruto nationaal inkomen per hoofd in de Caraïben was $1.169,0 in de jaren 1970s, en was vergelijkbaar met Antigua en Barbuda (US$1.175,7), Hongarije (US$1.193,5). Het bruto nationaal inkomen per hoofd in de Caraïben was 28,0% lager dan het bruto nationaal inkomen per hoofd van de bevolking in de wereld ($1.624,3), en was in 3,4 keer lager dan het bruto nationaal inkomen per hoofd van de bevolking in Amerika ($1.624,3).

De groei van het BNI in de Caraïben bedroeg 4.3% in de jaren 1970, en was vergelijkbaar met Ierland (4,3%), Panama (4,4%). De groei van het BNI in de Caraïben (4,3%) was groter dan de groei van het bruto nationaal inkomen in de wereld (4,1%), was groter dan de groei van het BNI in Amerika (4,0%).

Vergelijking met subregio's. Het BNI van de Caraïben was minder dan in Noord-Amerika (US$1,9 biljoen), in Zuid-Amerika (US$241,2 miljard) en in Centraal-Amerika (US$105,1 miljard). Het BNI per hoofd in de Caraïben was in de Caraïben groter dan in Zuid-Amerika (US$1.132,3); maar minder dan in Noord-Amerika (US$7,8 duizend) en in Centraal-Amerika (US$1.328,8). De groei van het BNI in de Caraïben was groter dan in Noord-Amerika (3,5%); maar minder dan in Zuid-Amerika (6,5%) en in Centraal-Amerika (6,1%).

Leiders. Het BNI van de Caraïben in de jaren 1970 bestond uit: Cuba (38,2%), Puerto Rico (23,1%), Dominicaanse Republiek (12,1%), Jamaica (8,7%), Trinidad en Tobago (6,8%), en andere (11,0%). Het bruto nationaal inkomen per hoofd in de Caraïben onder de leiders: Puerto Rico ($2.530,3), Trinidad en Tobago ($2.106,5), Jamaica ($1.344,1), Cuba ($1.268,2) en Dominicaanse Republiek ($739,2). De groei van het bruto nationaal inkomen onder de leiders: Dominicaanse Republiek (6,8%), Cuba (5,4%), Trinidad en Tobago (5,0%), Puerto Rico (3,0%) en Jamaica (-0,37%).

de jaren 1980

Het bruto nationaal inkomen van de Caraïben bedroeg in de jaren 1980 US$64,7 miljard per jaar. Het aandeel in de wereld was 0,43%, en 1,2% in Amerika.

Het bruto nationaal inkomen per hoofd in de Caraïben was $2.103,5 in de jaren 1980s. Het BNI per hoofd in de Caraïben was 32,5% lager dan het bruto nationaal inkomen per hoofd van de bevolking in de wereld ($3.117,1), en was in 3,8 keer lager dan het bruto nationaal inkomen per hoofd van de bevolking in Amerika ($3.117,1).

De groei van het bruto nationaal inkomen in de Caraïben bedroeg 2.5% in de jaren 1980, en was vergelijkbaar met Equatoriaal-Guinea (2,5%), San Marino (2,5%). De groei van het bruto nationaal inkomen in de Caraïben (2,5%) was minder dan de groei van het BNI in de wereld (3,0%), was minder dan de groei van het BNI in Amerika (2,8%).

Vergelijking met subregio's. Het bruto nationaal inkomen van de Caraïben was minder dan in Noord-Amerika (US$4,5 biljoen), in Zuid-Amerika (US$508,2 miljard) en in Centraal-Amerika (US$234,6 miljard). Het BNI per hoofd in de Caraïben was in de Caraïben groter dan in Zuid-Amerika (US$1.917,1); maar minder dan in Noord-Amerika (US$17,1 duizend) en in Centraal-Amerika (US$2,3 duizend). De groei van het bruto nationaal inkomen in de Caraïben was groter dan in Centraal-Amerika (1,9%) en in Zuid-Amerika (1,5%); maar minder dan in Noord-Amerika (3,0%).

Leiders. Het bruto nationaal inkomen van de Caraïben in de jaren 1980 bestond uit: Cuba (35,5%), Puerto Rico (23,5%), Dominicaanse Republiek (11,7%), Trinidad en Tobago (9,3%), Jamaica (5,0%), en andere (15,0%). Het bruto nationaal inkomen per hoofd in de Caraïben onder de leiders: Trinidad en Tobago ($5.225,1), Puerto Rico ($4.688,5), Cuba ($2.270,9), Jamaica ($1.399,3) en Dominicaanse Republiek ($1.179,2). De groei van het bruto nationaal inkomen onder de leiders: Cuba (3,9%), Dominicaanse Republiek (3,8%), Puerto Rico (2,2%), Jamaica (0,24%) en Trinidad en Tobago (-1,9%).

de jaren 1990

Het bruto nationaal inkomen van de Caraïben bedroeg in de jaren 1990 US$99,1 miljard per jaar. Het aandeel in de wereld was 0,35%, en 1,0% in Amerika.

Het BNI per hoofd in de Caraïben was $2.831,2 in de jaren 1990s, en was vergelijkbaar met Grenada (US$2,8 duizend), Rusland (US$2,8 duizend), Saint Vincent en de Grenadines (US$2,8 duizend). Het BNI per hoofd in de Caraïben was 43,3% lager dan het bruto nationaal inkomen per hoofd van de bevolking in de wereld ($4.991,4), en was in 4,5 keer lager dan het bruto nationaal inkomen per hoofd van de bevolking in Amerika ($4.991,4).

De groei van het bruto nationaal inkomen in de Caraïben bedroeg 2.1% in de jaren 1990, en was vergelijkbaar met Guinee-Bissau (2,1%). De groei van het bruto nationaal inkomen in de Caraïben (2,1%) was minder dan de groei van het BNI in de wereld (2,8%), was minder dan de groei van het bruto nationaal inkomen in Amerika (3,2%).

Vergelijking met subregio's. Het bruto nationaal inkomen van de Caraïben was minder dan in Noord-Amerika (US$8,1 biljoen), in Zuid-Amerika (US$1,2 biljoen) en in Centraal-Amerika (US$454,4 miljard). Het bruto nationaal inkomen per hoofd in de Caraïben was in de Caraïben minder dan in Noord-Amerika (US$27,7 duizend), in Zuid-Amerika (US$3,7 duizend) en in Centraal-Amerika (US$3,7 duizend). De groei van het bruto nationaal inkomen in de Caraïben was minder dan in Noord-Amerika (3,3%), in Centraal-Amerika (3,0%) en in Zuid-Amerika (2,7%).

Leiders. Het bruto nationaal inkomen van de Caraïben in de jaren 1990 bestond uit: Puerto Rico (29,2%), Cuba (25,8%), Dominicaanse Republiek (14,6%), Jamaica (6,1%), Bahama's (5,6%), en andere (18,8%). Het bruto nationaal inkomen per hoofd in de Caraïben onder de leiders: Bahama's ($19.942,4), Puerto Rico ($8.155,4), Jamaica ($2.392,6), Cuba ($2.357,7) en Dominicaanse Republiek ($1.866,0). De groei van het bruto nationaal inkomen onder de leiders: Dominicaanse Republiek (5,4%), Jamaica (3,6%), Puerto Rico (3,5%), Bahama's (2,3%) en Cuba (2,3%).

de jaren 2000

Het BNI van de Caraïben bedroeg in de jaren 2000 US$185,8 miljard per jaar, en was vergelijkbaar met de Verenigde Arabische Emiraten (US$187,5 miljard), Portugal (US$183,7 miljard), Thailand (US$188,3 miljard). Het aandeel in de wereld was 0,40%, en 1,1% in Amerika.

Het bruto nationaal inkomen per hoofd in de Caraïben was $4.813,4 in de jaren 2000s, en was vergelijkbaar met Zuid-Amerika (US$4,8 duizend), Costa Rica (US$4,8 duizend), Roemenië (US$4,8 duizend). Het BNI per hoofd in de Caraïben was 32,8% lager dan het bruto nationaal inkomen per hoofd van de bevolking in de wereld ($7.165,2), en was in 3,9 keer lager dan het bruto nationaal inkomen per hoofd van de bevolking in Amerika ($7.165,2).

De groei van het bruto nationaal inkomen in de Caraïben bedroeg 2.8% in de jaren 2000, en was vergelijkbaar met Burundi (2,7%), Guinee (2,7%). De groei van het BNI in de Caraïben (2,8%) was minder dan de groei van het bruto nationaal inkomen in de wereld (3,0%), was groter dan de groei van het bruto nationaal inkomen in Amerika (2,1%).

Vergelijking met subregio's. Het BNI van de Caraïben was minder dan in Noord-Amerika (US$13,8 biljoen), in Zuid-Amerika (US$1,8 biljoen) en in Centraal-Amerika (US$932,4 miljard). Het BNI per hoofd in de Caraïben was in de Caraïben groter dan in Zuid-Amerika (US$4,8 duizend); maar minder dan in Noord-Amerika (US$42,3 duizend) en in Centraal-Amerika (US$6,4 duizend). De groei van het bruto nationaal inkomen in de Caraïben was groter dan in Centraal-Amerika (2,7%) en in Noord-Amerika (1,8%); maar minder dan in Zuid-Amerika (3,3%).

Leiders. Het BNI van de Caraïben in de jaren 2000 bestond uit: Puerto Rico (28,7%), Cuba (23,6%), Dominicaanse Republiek (16,9%), Trinidad en Tobago (7,8%), Jamaica (5,6%), en andere (17,4%). Het bruto nationaal inkomen per hoofd in de Caraïben onder de leiders: Puerto Rico ($14.641,0), Trinidad en Tobago ($11.141,8), Cuba ($3.912,9), Jamaica ($3.795,5) en Dominicaanse Republiek ($3.485,7). De groei van het BNI onder de leiders: Trinidad en Tobago (6,4%), Cuba (5,5%), Dominicaanse Republiek (4,7%), Jamaica (0,62%) en Puerto Rico (0,44%).

de jaren 2010

Het BNI van de Caraïben bedroeg in de jaren 2010 US$299,6 miljard per jaar, en was vergelijkbaar met Venezuela (US$297,2 miljard), Singapore (US$296,0 miljard), Israël (US$306,1 miljard). Het aandeel in de wereld was 0,38%, en 1,2% in Amerika.

Het bruto nationaal inkomen per hoofd in de Caraïben was $7.229,0 in de jaren 2010s, en was vergelijkbaar met Dominica (US$7,2 duizend), Suriname (US$7,2 duizend), Cuba (US$7,4 duizend). Het BNI per hoofd in de Caraïben was 31,9% lager dan het bruto nationaal inkomen per hoofd van de bevolking in de wereld ($10.611,7), en was in 3,6 keer lager dan het bruto nationaal inkomen per hoofd van de bevolking in Amerika ($10.611,7).

De groei van het BNI in de Caraïben bedroeg 1.8% in de jaren 2010, en was vergelijkbaar met Lesotho (1,9%). De groei van het bruto nationaal inkomen in de Caraïben (1,8%) was minder dan de groei van het BNI in de wereld (3,1%), was minder dan de groei van het BNI in Amerika (2,3%).

Vergelijking met subregio's. Het BNI van de Caraïben was 66,8 keer minder dan in Noord-Amerika (US$20,0 biljoen), 13,1 keer minder dan in Zuid-Amerika (US$3,9 biljoen) en 4,6 keer minder dan in Centraal-Amerika (US$1,4 biljoen). Het bruto nationaal inkomen per hoofd in de Caraïben was in de Caraïben7,8 keer minder dan in Noord-Amerika (US$56,3 duizend), 24,5% minder dan in Zuid-Amerika (US$9,6 duizend) en 11,6% minder dan in Centraal-Amerika (US$8,2 duizend). De groei van het bruto nationaal inkomen in de Caraïben was groter dan in Zuid-Amerika (1,1%); maar minder dan in Centraal-Amerika (2,8%) en in Noord-Amerika (2,4%).

Leiders. Het BNI van de Caraïben in de jaren 2010 bestond uit: Cuba (27,8%), Puerto Rico (22,8%), Dominicaanse Republiek (22,4%), Trinidad en Tobago (7,8%), Jamaica (4,7%), en andere (14,4%). Het bruto nationaal inkomen per hoofd in de Caraïben onder de leiders: Puerto Rico ($20.430,3), Trinidad en Tobago ($17.146,1), Cuba ($7.377,6), Dominicaanse Republiek ($6.576,5) en Jamaica ($4.873,0). De groei van het BNI onder de leiders: Dominicaanse Republiek (5,5%), Cuba (2,4%), Jamaica (0,94%), Trinidad en Tobago (0,13%) en Puerto Rico (-0,89%).

Part II. Structuur

Hoofdstuk IV. Landbouw

Landbouw, jacht, bosbouw, vissen (ISIC A-B)

De waarde van de landbouw in de Caraïben steeg van US$3,1 miljard per jaar in de jaren 1970 tot US$10,9 miljard per jaar in de jaren 2010, dat wil zeggen met US$7,8 miljard of 3,5 keer. De verandering vond plaats op US$6,6 miljard als gevolg van een 2,5-voudige stijging van de prijzen, en ook op -US$485,8 miljoen als gevolg van een 1,1-voudige afname van de productiviteit , evenals op US$1,7 miljard als gevolg van de toename van de bevolking. De gemiddelde jaarlijkse groei van de landbouw is 1,2%. De minimumwaarde van de landbouw bedroeg US$1,6 miljard in 1970. De maximumwaarde van de landbouw bedroeg US$12,8 miljard in 2019.

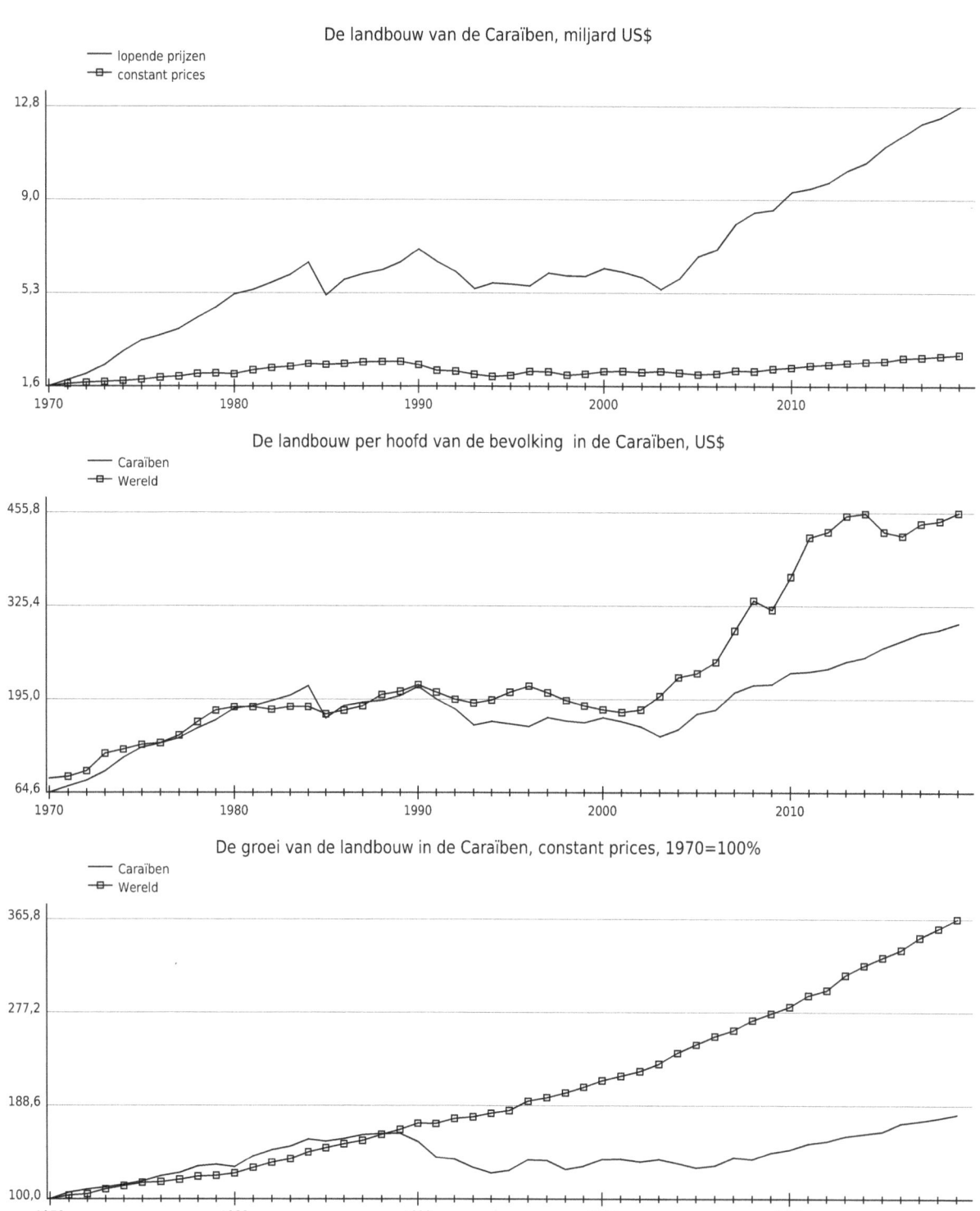

De landbouw van de Caraïben, miljard US$

De landbouw per hoofd van de bevolking in de Caraïben, US$

De groei van de landbouw in de Caraïben, constant prices, 1970=100%

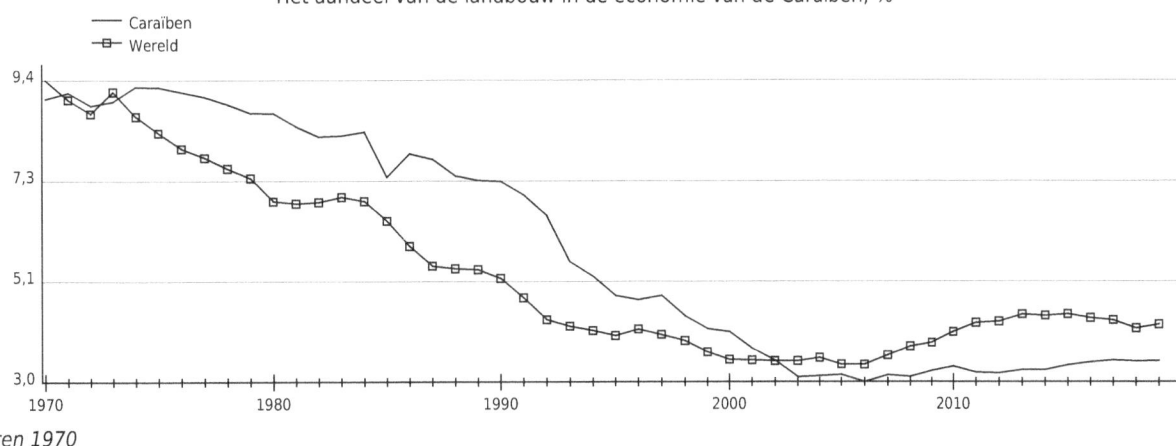

Het aandeel van de landbouw in de economie van de Caraïben, %

de jaren 1970

De sector van de landbouw in de Caraïben bedroeg in de jaren 1970 US$3,1 miljard per jaar, en was vergelijkbaar met Griekenland (US$3,0 miljard). Het aandeel in de wereld was 0,60%, en 3,5% in Amerika.

Het aandeel van de landbouw in de economie van de Caraïben was 9,0% in de jaren 1970.

De waarde van de landbouw per hoofd in de Caraïben was $116,5 in de jaren 1970s, en was vergelijkbaar met Kenia (US$116,4), Zuid-Amerika (US$116,2), Guyana (US$118,5). De sector van de landbouw per hoofd in de Caraïben was 8,7% lager dan de landbouw per hoofd van de bevolking in de wereld ($127,6), en was 26,3% lager dan de landbouw per hoofd van de bevolking in Amerika ($127,6).

De groei van de landbouw in de Caraïben bedroeg 3.2% in de jaren 1970. De groei van de landbouw in de Caraïben (3,2%) was groter dan de groei van de landbouw in de wereld (2,2%), was groter dan de groei van de landbouw in Amerika (1,9%).

Vergelijking met subregio's. De landbouw van de Caraïben was minder dan in Noord-Amerika (US$49,5 miljard), in Zuid-Amerika (US$24,8 miljard) en in Centraal-Amerika (US$11,1 miljard). De landbouw per hoofd in de Caraïben was in de Caraïben groter dan in Zuid-Amerika (US$116,2); maar minder dan in Noord-Amerika (US$205,3) en in Centraal-Amerika (US$140,7). De groei van de landbouw in de Caraïben was groter dan in Zuid-Amerika (3,1%) en in Noord-Amerika (0,32%); maar minder dan in Centraal-Amerika (3,3%).

Leiders. De landbouw van de Caraïben in de jaren 1970 bestond uit: Cuba (43,7%), Dominicaanse Republiek (20,1%), Puerto Rico (11,1%), Haïti (10,9%), Jamaica (6,4%), en andere (7,8%). Het aandeel van de landbouw in economie van de leiders: Haïti (39,8%), Dominicaanse Republiek (15,0%), Cuba (10,2%), Jamaica (6,9%) en Puerto Rico (4,2%). De landbouw per hoofd in de Caraïben onder de leiders: Cuba ($144,7), Dominicaanse Republiek ($122,3), Puerto Rico ($121,3), Jamaica ($97,6) en Haïti ($66,3). De groei van de landbouw onder de leiders: Cuba (5,4%), Puerto Rico (3,9%), Dominicaanse Republiek (3,3%), Haïti (1,6%) en Jamaica (1,5%).

de jaren 1980

De sector van de landbouw in de Caraïben bedroeg in de jaren 1980 US$5,9 miljard per jaar. Het aandeel in de wereld was 0,65%, en 3,7% in Amerika.

Het aandeel van de landbouw in de economie van de Caraïben was 7,9% in de jaren 1980.

De landbouw per hoofd in de Caraïben was $191,3 in de jaren 1980s, en was vergelijkbaar met Mozambique (US$190,1), Swaziland (US$193,0), Zuid-Amerika (US$189,1). De waarde van de landbouw per hoofd in de Caraïben was 2,5% hoger dan de landbouw per hoofd van de bevolking in de wereld ($186,6), en was 19,5% lager dan de landbouw per hoofd van de bevolking in Amerika ($186,6).

De groei van de landbouw in de Caraïben bedroeg 2% in de jaren 1980. De groei van de landbouw in de Caraïben (2,0%) was minder dan de groei van de landbouw in de wereld (3,1%), was minder dan de groei van de landbouw in Amerika (2,6%).

Vergelijking met subregio's. De toegevoegde waarde van de landbouw in de Caraïben was minder dan in Noord-Amerika (US$81,2 miljard), in Zuid-Amerika (US$50,1 miljard) en in Centraal-Amerika (US$20,2 miljard). De toegevoegde waarde van de landbouw per hoofd in de Caraïben was in de Caraïben groter dan in Zuid-Amerika (US$189,1); maar minder dan in Noord-Amerika (US$306,1) en in Centraal-Amerika (US$199,3). De groei van de landbouw in de Caraïben was groter dan in Centraal-Amerika (0,51%); maar minder dan in Noord-Amerika (3,5%) en in Zuid-Amerika (2,5%).

Leiders. De toegevoegde waarde van de landbouw in de Caraïben in de jaren 1980 bestond uit: Cuba (45,1%), Dominicaanse Republiek (19,3%), Haïti (13,0%), Puerto Rico (9,1%), Trinidad en Tobago (5,4%), en andere (8,2%). Het aandeel van de landbouw in economie van de leiders: Haïti (33,4%), Dominicaanse Republiek (14,0%), Cuba (10,3%), Trinidad en Tobago (4,9%) en Puerto Rico (2,6%). De toegevoegde waarde van de landbouw per hoofd in de Caraïben onder de leiders: Trinidad en Tobago ($274,1), Cuba ($262,5), Dominicaanse Republiek ($177,5), Puerto Rico ($164,6) en Haïti ($121,7). De groei van de landbouw onder de leiders: Cuba (4,1%), Dominicaanse Republiek (1,7%), Puerto Rico (1,6%), Trinidad en Tobago (0,088%) en Haïti (-0,73%).

de jaren 1990

De landbouw van de Caraïben bedroeg in de jaren 1990 US$6,0 miljard per jaar. Het aandeel in de wereld was 0,53%, en 2,7% in Amerika.

Het aandeel van de landbouw in de economie van de Caraïben was 5,3% in de jaren 1990, en was vergelijkbaar met Venezuela (5,4%).

De landbouw per hoofd in de Caraïben was $172,0 in de jaren 1990s, en was vergelijkbaar met Moldavië (US$171,7), Guatemala (US$171,1), Oost-Azië (US$173,9). De toegevoegde waarde van de landbouw per hoofd in de Caraïben was 13,9% lager dan de landbouw per hoofd van de bevolking in de wereld ($199,8), en was 40,5% lager dan de landbouw per hoofd van de bevolking in Amerika ($199,8).

De groei van de landbouw in de Caraïben bedroeg -2.1% in de jaren 1990. De groei van de landbouw in de Caraïben (-2,1%) was minder dan de groei van de landbouw in de wereld (2,2%), was minder dan de groei van de landbouw in Amerika (2,4%).

Vergelijking met subregio's. De waarde van de landbouw in de Caraïben was minder dan in Noord-Amerika (US$111,6 miljard), in Zuid-Amerika (US$76,8 miljard) en in Centraal-Amerika (US$28,4 miljard). De toegevoegde waarde van de landbouw per hoofd in de Caraïben was in de Caraïben minder dan in Noord-Amerika (US$380,2), in Zuid-Amerika (US$240,6) en in Centraal-Amerika (US$230,3). De groei van de landbouw in de Caraïben was minder dan in Zuid-Amerika (2,9%), in Noord-Amerika (2,4%) en in Centraal-Amerika (2,3%).

Leiders. De sector van de landbouw in de Caraïben in de jaren 1990 bestond uit: Cuba (36,1%), Dominicaanse Republiek (25,4%), Haïti (12,3%), Puerto Rico (9,2%), Jamaica (8,0%), en andere (8,9%). Het aandeel van de landbouw in economie van de leiders: Haïti (26,6%), Dominicaanse Republiek (10,9%), Cuba (8,1%), Jamaica (7,8%) en Puerto Rico (1,3%). De waarde van de landbouw per hoofd in de Caraïben onder de leiders: Cuba ($200,3), Dominicaanse Republiek ($197,6), Jamaica ($191,1), Puerto Rico ($156,8) en Haïti ($96,7). De groei van de landbouw onder de leiders: Jamaica (4,9%), Dominicaanse Republiek (1,1%), Haïti (-1,4%), Puerto Rico (-2,7%) en Cuba (-5,8%).

de jaren 2000

De waarde van de landbouw in de Caraïben bedroeg in de jaren 2000 US$6,9 miljard per jaar, en was vergelijkbaar met Syrië (US$6,9 miljard). Het aandeel in de wereld was 0,44%, en 2,4% in Amerika.

Het aandeel van de landbouw in de economie van de Caraïben was 3,2% in de jaren 2000, en was vergelijkbaar met Australazië (3,2%), Polen (3,2%).

De toegevoegde waarde van de landbouw per hoofd in de Caraïben was $178,0 in de jaren 2000s, en was vergelijkbaar met Saint Kitts en Nevis (US$179,4), Afrika (US$182,0). De sector van de landbouw per hoofd in de Caraïben was 25,9% lager dan de landbouw per hoofd van de bevolking in de wereld ($240,3), en was 45,6% lager dan de landbouw per hoofd van de bevolking in Amerika ($240,3).

De groei van de landbouw in de Caraïben bedroeg 0.9% in de jaren 2000. De groei van de landbouw in de Caraïben (0,94%) was minder dan de groei van de landbouw in de wereld (3,0%), was minder dan de groei van de landbouw in Amerika (2,7%).

Vergelijking met subregio's. De toegevoegde waarde van de landbouw in de Caraïben was minder dan in Noord-Amerika (US$143,2 miljard), in Zuid-Amerika (US$100,4 miljard) en in Centraal-Amerika (US$37,3 miljard). De landbouw per hoofd in de Caraïben was in de Caraïben minder dan in Noord-Amerika (US$439,1), in Zuid-Amerika (US$272,2) en in Centraal-Amerika (US$256,8). De groei van de landbouw in de Caraïben was minder dan in Noord-Amerika (3,2%), in Zuid-Amerika (2,6%) en in Centraal-Amerika (1,9%).

Leiders. De waarde van de landbouw in de Caraïben in de jaren 2000 bestond uit: Dominicaanse Republiek (32,1%), Cuba (30,4%), Haïti (13,8%), Jamaica (8,4%), Puerto Rico (7,4%), en andere (7,9%). Het aandeel van de landbouw in economie van de leiders: Haïti

(21,7%), Dominicaanse Republiek (7,2%), Jamaica (5,8%), Cuba (4,7%) en Puerto Rico (0,63%). De sector van de landbouw per hoofd in de Caraïben onder de leiders: Dominicaanse Republiek ($243,9), Jamaica ($211,9), Cuba ($186,2), Puerto Rico ($138,9) en Haïti ($104,2). De groei van de landbouw onder de leiders: Dominicaanse Republiek (3,8%), Puerto Rico (3,1%), Cuba (0,81%), Haïti (-0,77%) en Jamaica (-1,2%).

de jaren 2010

De toegevoegde waarde van de landbouw in de Caraïben bedroeg in de jaren 2010 US$10,9 miljard per jaar. Het aandeel in de wereld was 0,34%, en 2,2% in Amerika.

Het aandeel van de landbouw in de economie van de Caraïben was 3,3% in de jaren 2010, en was vergelijkbaar met Frans-Polynesië (3,3%).

De waarde van de landbouw per hoofd in de Caraïben was $263,5 in de jaren 2010s, en was vergelijkbaar met het Verenigd Koninkrijk (US$266,4), de Bahama's (US$266,5), Tsjaad (US$258,8). De waarde van de landbouw per hoofd in de Caraïben was 39,0% lager dan de landbouw per hoofd van de bevolking in de wereld ($432,1), en was 47,2% lager dan de landbouw per hoofd van de bevolking in Amerika ($432,1).

De groei van de landbouw in de Caraïben bedroeg 2.3% in de jaren 2010, en was vergelijkbaar met Mauritanië (2,3%). De groei van de landbouw in de Caraïben (2,3%) was minder dan de groei van de landbouw in de wereld (2,9%), was groter dan de groei van de landbouw in Amerika (2,2%).

Vergelijking met subregio's. De toegevoegde waarde van de landbouw in de Caraïben was 19,3 keer minder dan in Noord-Amerika (US$211,0 miljard), 19,2 keer minder dan in Zuid-Amerika (US$209,5 miljard) en 5,0 keer minder dan in Centraal-Amerika (US$54,7 miljard). De waarde van de landbouw per hoofd in de Caraïben was in de Caraïben2,3 keer minder dan in Noord-Amerika (US$593,8), 48,4% minder dan in Zuid-Amerika (US$511,1) en 19,2% minder dan in Centraal-Amerika (US$325,9). De groei van de landbouw in de Caraïben was groter dan in Noord-Amerika (2,2%) en in Zuid-Amerika (2,0%); maar minder dan in Centraal-Amerika (2,4%).

Leiders. De toegevoegde waarde van de landbouw in de Caraïben in de jaren 2010 bestond uit: Dominicaanse Republiek (34,8%), Cuba (29,6%), Haïti (13,8%), Jamaica (8,2%), Puerto Rico (7,4%), en andere (6,1%). Het aandeel van de landbouw in economie van de leiders: Haïti (19,1%), Jamaica (7,1%), Dominicaanse Republiek (5,8%), Cuba (3,9%) en Puerto Rico (0,80%). De waarde van de landbouw per hoofd in de Caraïben onder de leiders: Dominicaanse Republiek ($371,4), Jamaica ($312,5), Cuba ($286,0), Puerto Rico ($242,9) en Haïti ($142,3). De groei van de landbouw onder de leiders: Dominicaanse Republiek (4,6%), Jamaica (2,4%), Cuba (1,7%), Puerto Rico (0,36%) en Haïti (-0,12%).

Hoofdstuk V. Industrie

Mijnbouw, productie, nutsbedrijven (ISIC C-E)

De waarde van de industrie in de Caraïben steeg van US$8,3 miljard per jaar in de jaren 1970 tot US$91,6 miljard per jaar in de jaren 2010, dat wil zeggen met US$83,3 miljard of 11,1 keer. De verandering vond plaats op US$70,4 miljard als gevolg van een 4,3-voudige stijging van de prijzen, en ook op US$8,3 miljard als gevolg van een 1,6-voudige toename van de productiviteit , evenals op US$4,7 miljard als gevolg van de toename van de bevolking. De gemiddelde jaarlijkse groei van de industrie is 2,4%. De minimumwaarde van de industrie bedroeg US$4,0 miljard in 1970. De maximumwaarde van de industrie bedroeg US$96,8 miljard in 2019.

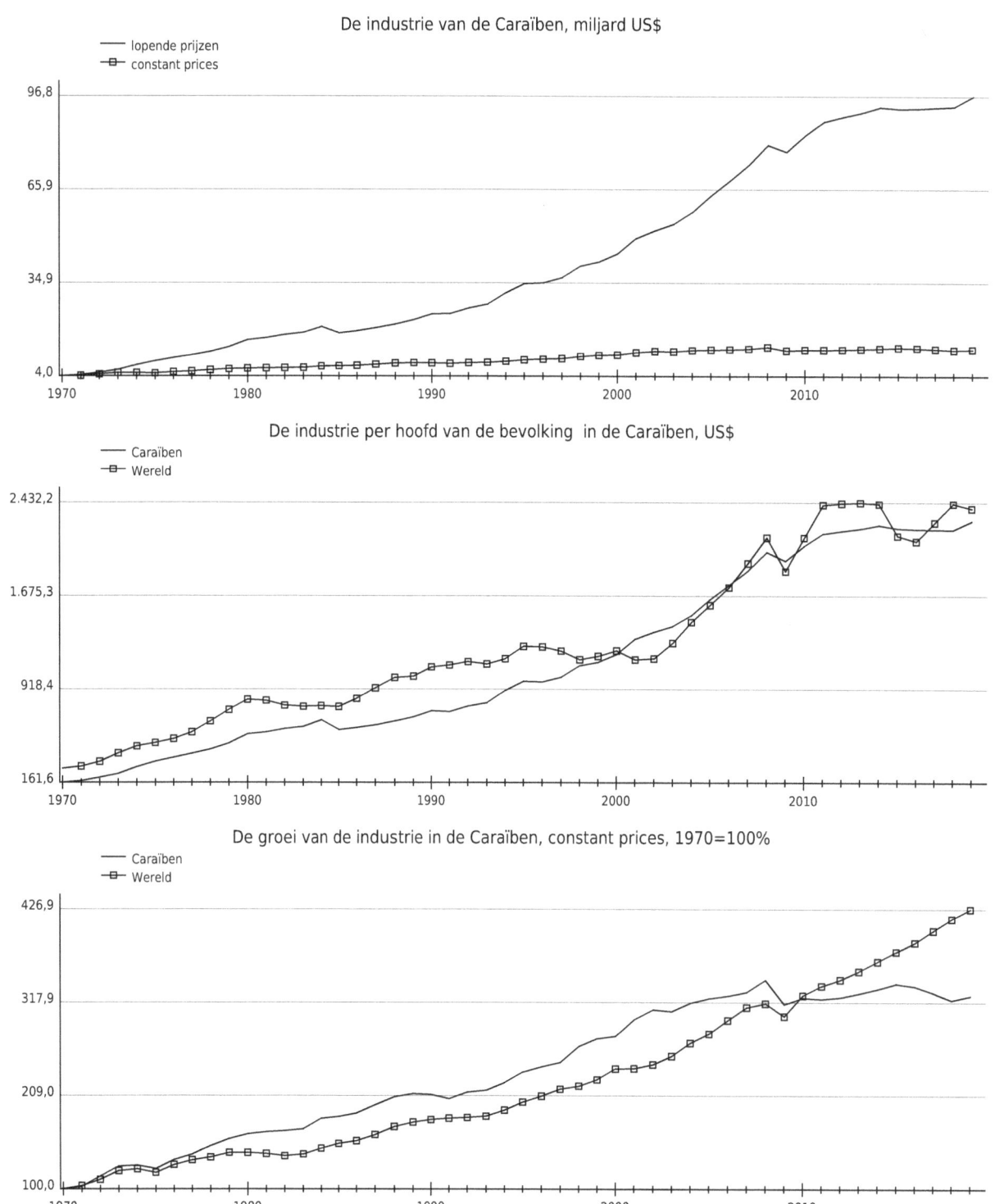

De industrie van de Caraïben, miljard US$

De industrie per hoofd van de bevolking in de Caraïben, US$

De groei van de industrie in de Caraïben, constant prices, 1970=100%

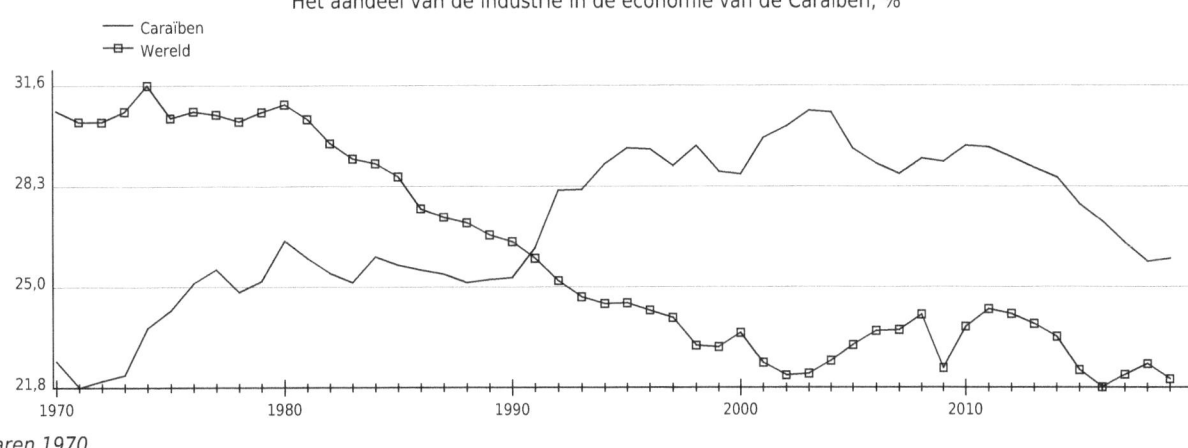

Het aandeel van de industrie in de economie van de Caraïben, %

de jaren 1970

De toegevoegde waarde van de industrie in de Caraïben bedroeg in de jaren 1970 US$8,3 miljard per jaar, en was vergelijkbaar met Indonesië (US$8,4 miljard). Het aandeel in de wereld was 0,43%, en 1,4% in Amerika.

Het aandeel van de industrie in de economie van de Caraïben was 24,2% in de jaren 1970, en was vergelijkbaar met Turkije (24,2%), Colombia (24,2%), Congo-Kinshasa (24,1%).

De toegevoegde waarde van de industrie per hoofd in de Caraïben was $311,5 in de jaren 1970s, en was vergelijkbaar met Uruguay (US$311,6), Cyprus (US$313,9), Brazilië (US$304,0). De industrie per hoofd in de Caraïben was 35,2% lager dan de industrie per hoofd van de bevolking in de wereld ($480,5), en was in 3,5 keer lager dan de industrie per hoofd van de bevolking in Amerika ($480,5).

De groei van de industrie in de Caraïben bedroeg 5.3% in de jaren 1970, en was vergelijkbaar met Tsjecho-Slowakije (5,3%), Zuid-Europa (5,3%). De groei van de industrie in de Caraïben (5,3%) was groter dan de groei van de industrie in de wereld (4,0%), was groter dan de groei van de industrie in Amerika (3,2%).

Vergelijking met subregio's. De waarde van de industrie in de Caraïben was minder dan in Noord-Amerika (US$495,3 miljard), in Zuid-Amerika (US$78,3 miljard) en in Centraal-Amerika (US$29,0 miljard). De toegevoegde waarde van de industrie per hoofd in de Caraïben was in de Caraïben minder dan in Noord-Amerika (US$2,1 duizend), in Zuid-Amerika (US$367,3) en in Centraal-Amerika (US$367,0). De groei van de industrie in de Caraïben was groter dan in Zuid-Amerika (5,1%) en in Noord-Amerika (2,5%); maar minder dan in Centraal-Amerika (7,2%).

Leiders. De toegevoegde waarde van de industrie in de Caraïben in de jaren 1970 bestond uit: Puerto Rico (34,9%), Cuba (21,8%), Dominicaanse Republiek (18,6%), Trinidad en Tobago (11,7%), Jamaica (8,2%), en andere (4,8%). Het aandeel van de industrie in economie van de leiders: Trinidad en Tobago (41,4%), Dominicaanse Republiek (37,2%), Puerto Rico (34,9%), Jamaica (24,0%) en Cuba (13,6%). De toegevoegde waarde van de industrie per hoofd in de Caraïben onder de leiders: Puerto Rico ($1.017,8), Trinidad en Tobago ($960,3), Jamaica ($338,1), Dominicaanse Republiek ($302,6) en Cuba ($192,5). De groei van de industrie onder de leiders: Dominicaanse Republiek (9,6%), Cuba (5,4%), Puerto Rico (5,4%), Trinidad en Tobago (4,2%) en Jamaica (-0,44%).

de jaren 1980

De toegevoegde waarde van de industrie in de Caraïben bedroeg in de jaren 1980 US$19,0 miljard per jaar, en was vergelijkbaar met Algerije (US$18,9 miljard), de Verenigde Arabische Emiraten (US$19,3 miljard). Het aandeel in de wereld was 0,46%, en 1,4% in Amerika.

Het aandeel van de industrie in de economie van de Caraïben was 25,6% in de jaren 1980, en was vergelijkbaar met Amerika (25,6%), België (25,5%), Swaziland (25,4%).

De industrie per hoofd in de Caraïben was $618,5 in de jaren 1980s, en was vergelijkbaar met Uruguay (US$616,5), Namibië (US$609,3), Oost-Azië (US$607,7). De toegevoegde waarde van de industrie per hoofd in de Caraïben was 28,2% lager dan de industrie per hoofd van de bevolking in de wereld ($861,8), en was in 3,4 keer lager dan de industrie per hoofd van de bevolking in Amerika ($861,8).

De groei van de industrie in de Caraïben bedroeg 2.9% in de jaren 1980, en was vergelijkbaar met de Salomonseilanden (2,9%), Oceanië (2,9%), de Federale Staten van Micronesië (2,9%). De groei van de industrie in de Caraïben (2,9%) was groter dan de groei van de industrie in de wereld (2,3%), was groter dan de groei van de industrie in Amerika (1,9%).

Vergelijking met subregio's. De industrie van de Caraïben was minder dan in Noord-Amerika (US$1,1 biljoen), in Zuid-Amerika (US$172,4 miljard) en in Centraal-Amerika (US$90,4 miljard). De sector van de industrie per hoofd in de Caraïben was in de Caraïben minder dan in Noord-Amerika (US$4,1 duizend), in Centraal-Amerika (US$893,3) en in Zuid-Amerika (US$650,3). De groei van de industrie in de Caraïben was groter dan in Noord-Amerika (1,9%) en in Zuid-Amerika (1,2%); maar minder dan in Centraal-Amerika (2,9%).

Leiders. De toegevoegde waarde van de industrie in de Caraïben in de jaren 1980 bestond uit: Puerto Rico (45,5%), Cuba (18,3%), Dominicaanse Republiek (14,7%), Trinidad en Tobago (10,7%), Jamaica (4,7%), en andere (6,0%). Het aandeel van de industrie in economie van de leiders: Puerto Rico (42,8%), Dominicaanse Republiek (34,5%), Trinidad en Tobago (31,3%), Jamaica (23,5%) en Cuba (13,6%). De industrie per hoofd in de Caraïben onder de leiders: Puerto Rico ($2.673,3), Trinidad en Tobago ($1.762,8), Dominicaanse Republiek ($437,0), Jamaica ($387,8) en Cuba ($344,3). De groei van de industrie onder de leiders: Cuba (3,7%), Puerto Rico (3,5%), Dominicaanse Republiek (2,5%), Jamaica (1,4%) en Trinidad en Tobago (-2,2%).

de jaren 1990

De toegevoegde waarde van de industrie in de Caraïben bedroeg in de jaren 1990 US$32,4 miljard per jaar. Het aandeel in de wereld was 0,48%, en 1,6% in Amerika.

Het aandeel van de industrie in de economie van de Caraïben was 28,5% in de jaren 1990, en was vergelijkbaar met Mexico (28,7%), Letland (28,7%), Armenië (28,2%).

De waarde van de industrie per hoofd in de Caraïben was $924,3 in de jaren 1990s, en was vergelijkbaar met Rusland (US$937,0), Zuidelijk Afrika (US$903,4). De industrie per hoofd in de Caraïben was 21,4% lager dan de industrie per hoofd van de bevolking in de wereld ($1.175,6), en was in 2,9 keer lager dan de industrie per hoofd van de bevolking in Amerika ($1.175,6).

De groei van de industrie in de Caraïben bedroeg 2.7% in de jaren 1990, en was vergelijkbaar met Ethiopië (2,7%), Oostenrijk (2,7%). De groei van de industrie in de Caraïben (2,7%) was groter dan de groei van de industrie in de wereld (2,5%), was minder dan de groei van de industrie in Amerika (2,8%).

Vergelijking met subregio's. De toegevoegde waarde van de industrie in de Caraïben was minder dan in Noord-Amerika (US$1,6 biljoen), in Zuid-Amerika (US$270,8 miljard) en in Centraal-Amerika (US$135,3 miljard). De toegevoegde waarde van de industrie per hoofd in de Caraïben was in de Caraïben groter dan in Zuid-Amerika (US$847,9); maar minder dan in Noord-Amerika (US$5,6 duizend) en in Centraal-Amerika (US$1.096,6). De groei van de industrie in de Caraïben was groter dan in Zuid-Amerika (2,3%); maar minder dan in Centraal-Amerika (3,6%) en in Noord-Amerika (2,8%).

Leiders. De sector van de industrie in de Caraïben in de jaren 1990 bestond uit: Puerto Rico (58,0%), Cuba (14,9%), Dominicaanse Republiek (12,1%), Trinidad en Tobago (5,8%), Jamaica (4,0%), en andere (5,2%). Het aandeel van de industrie in economie van de leiders: Puerto Rico (44,3%), Trinidad en Tobago (33,8%), Dominicaanse Republiek (27,8%), Jamaica (21,0%) en Cuba (18,0%). De toegevoegde waarde van de industrie per hoofd in de Caraïben onder de leiders: Puerto Rico ($5.293,0), Trinidad en Tobago ($1.511,8), Jamaica ($514,7), Dominicaanse Republiek ($504,6) en Cuba ($444,8). De groei van de industrie onder de leiders: Dominicaanse Republiek (4,8%), Puerto Rico (3,8%), Trinidad en Tobago (3,6%), Jamaica (-0,45%) en Cuba (-1,5%).

de jaren 2000

De industrie van de Caraïben bedroeg in de jaren 2000 US$62,5 miljard per jaar, en was vergelijkbaar met Maleisië (US$61,5 miljard), Oostenrijk (US$63,8 miljard). Het aandeel in de wereld was 0,61%, en 2,0% in Amerika.

Het aandeel van de industrie in de economie van de Caraïben was 29,5% in de jaren 2000, en was vergelijkbaar met Servië (29,6%), Oost-Azië (29,7%), Bolivia (29,3%).

De waarde van de industrie per hoofd in de Caraïben was $1.620,3 in de jaren 2000s, en was vergelijkbaar met de Bahama's (US$1.611,3), Oost-Azië (US$1.629,7), Litouwen (US$1.605,0). De industrie per hoofd in de Caraïben was 3,0% hoger dan de industrie per hoofd van de bevolking in de wereld ($1.573,8), en was in 2,2 keer lager dan de industrie per hoofd van de bevolking in Amerika ($1.573,8).

De groei van de industrie in de Caraïben bedroeg 1.4% in de jaren 2000, en was vergelijkbaar met Guinee (1,4%), Griekenland (1,4%). De groei van de industrie in de Caraïben (1,4%) was minder dan de groei van de industrie in de wereld (2,9%), was minder dan de groei van de industrie in Amerika (1,4%).

Vergelijking met subregio's. De industrie van de Caraïben was minder dan in Noord-Amerika (US$2,3 biljoen), in Zuid-Amerika (US$426,5 miljard) en in Centraal-Amerika (US$239,4 miljard). De toegevoegde waarde van de industrie per hoofd in de Caraïben was in de Caraïben groter dan in Zuid-Amerika (US$1.156,1); maar minder dan in Noord-Amerika (US$7,2 duizend) en in Centraal-Amerika (US$1.650,2). De groei van de industrie in de Caraïben was groter dan in Noord-Amerika (1,3%) en in Centraal-Amerika (0,35%); maar minder dan in Zuid-Amerika (2,4%).

Leiders. De toegevoegde waarde van de industrie in de Caraïben in de jaren 2000 bestond uit: Puerto Rico (58,5%), Cuba (12,4%), Trinidad en Tobago (11,4%), Dominicaanse Republiek (11,2%), Jamaica (2,5%), en andere (4,1%). Het aandeel van de industrie in economie van de leiders: Trinidad en Tobago (46,7%), Puerto Rico (45,3%), Dominicaanse Republiek (22,8%), Cuba (17,5%) en Jamaica (15,4%). De sector van de industrie per hoofd in de Caraïben onder de leiders: Puerto Rico ($10.061,5), Trinidad en Tobago ($5.511,0), Dominicaanse Republiek ($774,3), Cuba ($688,5) en Jamaica ($566,8). De groei van de industrie onder de leiders: Trinidad en Tobago (9,2%), Cuba (3,1%), Dominicaanse Republiek (1,7%), Puerto Rico (0,20%) en Jamaica (-1,5%).

de jaren 2010

De sector van de industrie in de Caraïben bedroeg in de jaren 2010 US$91,6 miljard per jaar, en was vergelijkbaar met Zuidelijk Afrika (US$91,3 miljard), Zweden (US$92,3 miljard), Centraal-Afrika (US$90,5 miljard). Het aandeel in de wereld was 0,54%, en 2,2% in Amerika.

Het aandeel van de industrie in de economie van de Caraïben was 27,8% in de jaren 2010.

De industrie per hoofd in de Caraïben was $2.210,1 in de jaren 2010s, en was vergelijkbaar met Bermuda (US$2,2 duizend), Turkije (US$2,2 duizend), Curaçao (US$2,2 duizend). De industrie per hoofd in de Caraïben was 4,8% lager dan de industrie per hoofd van de bevolking in de wereld ($2.320,9), en was 49,2% lager dan de industrie per hoofd van de bevolking in Amerika ($2.320,9).

De groei van de industrie in de Caraïben bedroeg 0.3% in de jaren 2010. De groei van de industrie in de Caraïben (0,30%) was minder dan de groei van de industrie in de wereld (3,5%), was minder dan de groei van de industrie in Amerika (1,8%).

Vergelijking met subregio's. De waarde van de industrie in de Caraïben was 33,3 keer minder dan in Noord-Amerika (US$3,0 biljoen), 8,5 keer minder dan in Zuid-Amerika (US$780,8 miljard) en 3,5 keer minder dan in Centraal-Amerika (US$322,2 miljard). De sector van de industrie per hoofd in de Caraïben was in de Caraïben15,0% groter dan in Centraal-Amerika (US$1.921,1) en 16,0% groter dan in Zuid-Amerika (US$1.904,7); maar 3,9 keer minder dan in Noord-Amerika (US$8,6 duizend). De groei van de industrie in de Caraïben was groter dan in Zuid-Amerika (0,22%); maar minder dan in Noord-Amerika (2,2%) en in Centraal-Amerika (1,7%).

Leiders. De toegevoegde waarde van de industrie in de Caraïben in de jaren 2010 bestond uit: Puerto Rico (54,8%), Cuba (15,3%), Dominicaanse Republiek (13,9%), Trinidad en Tobago (10,6%), Jamaica (2,0%), en andere (3,5%). Het aandeel van de industrie in economie van de leiders: Puerto Rico (49,3%), Trinidad en Tobago (40,1%), Dominicaanse Republiek (19,4%), Cuba (16,8%) en Jamaica (14,1%). De industrie per hoofd in de Caraïben onder de leiders: Puerto Rico ($15.022,9), Trinidad en Tobago ($7.087,6), Dominicaanse Republiek ($1.242,5), Cuba ($1.241,8) en Jamaica ($624,0). De groei van de industrie onder de leiders: Dominicaanse Republiek (6,1%), Jamaica (0,51%), Cuba (0,45%), Puerto Rico (-0,71%) en Trinidad en Tobago (-2,0%).

Hoofdstuk 5.1. Fabricage

(ISIC D)

De fabricage van de Caraïben steeg van US$6,5 miljard per jaar in de jaren 1970 tot US$78,1 miljard per jaar in de jaren 2010, dat wil zeggen met US$71,6 miljard of 12,0 keer. De verandering vond plaats op US$59,7 miljard als gevolg van een 4,2-voudige stijging van de prijzen, en ook op US$8,3 miljard als gevolg van een 1,8-voudige toename van de productiviteit , evenals op US$3,7 miljard als gevolg van de toename van de bevolking. De gemiddelde jaarlijkse groei van de fabricage is 2,7%. De minimumwaarde van de fabricage bedroeg US$3,2 miljard in 1970. De maximumwaarde van de fabricage bedroeg US$83,3 miljard in 2019.

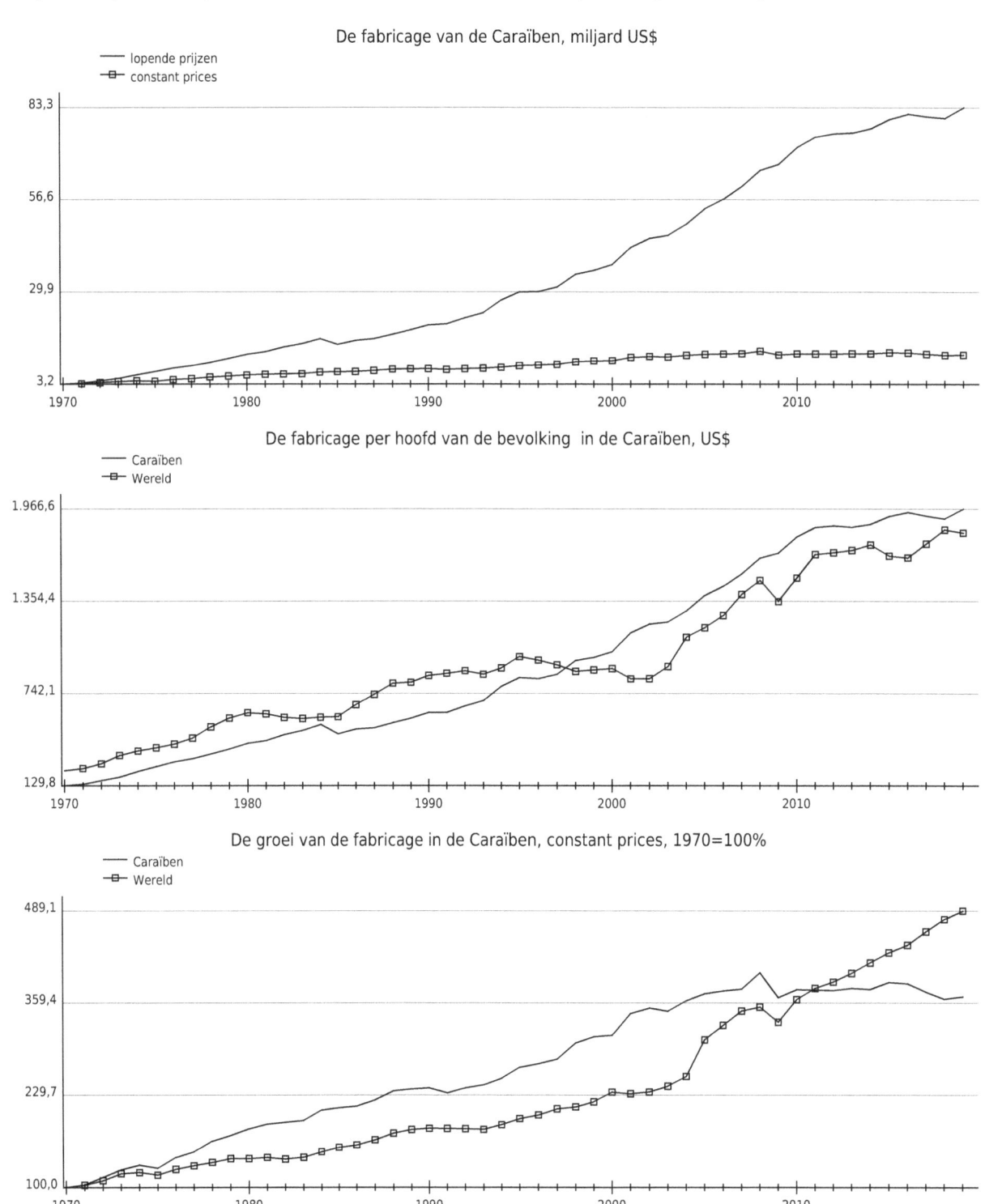

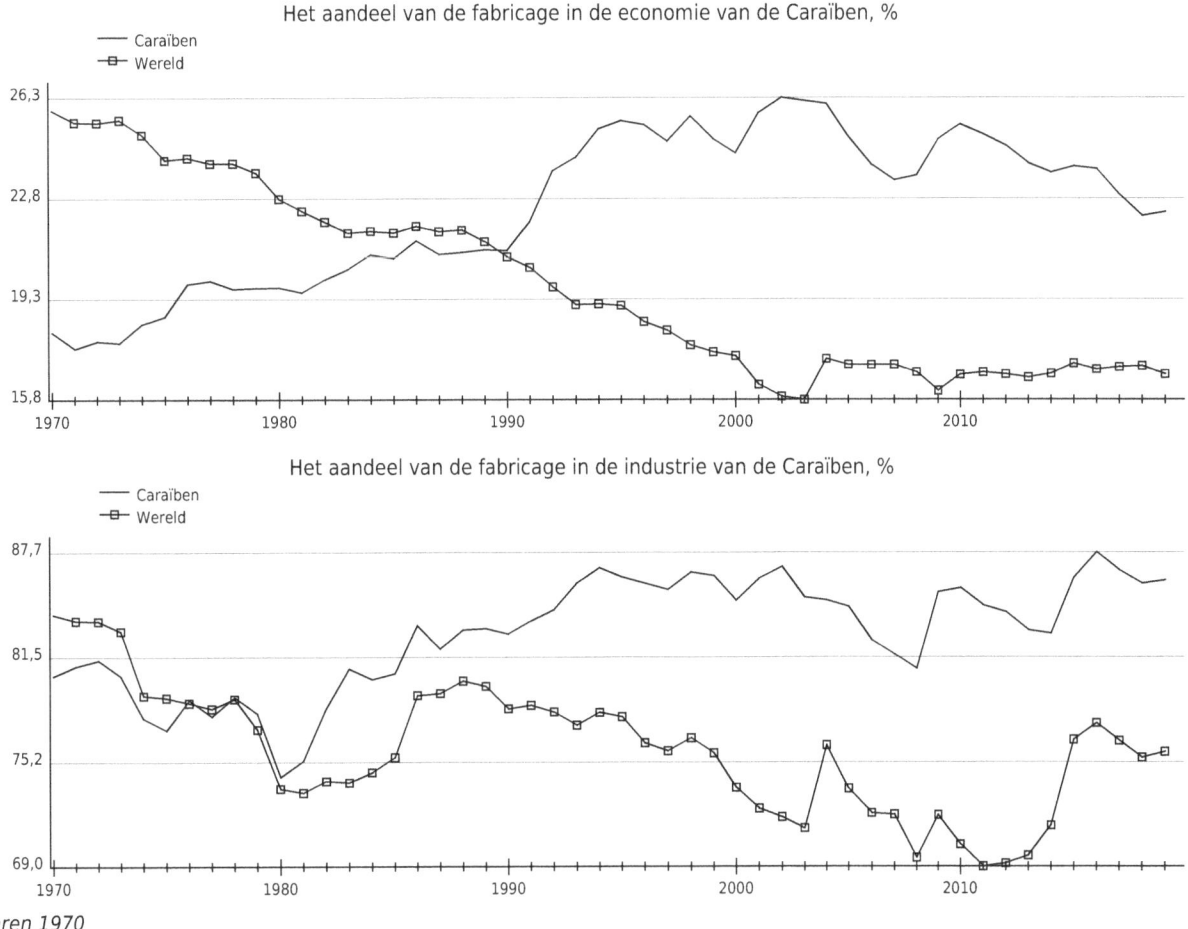

Het aandeel van de fabricage in de economie van de Caraïben, %

Het aandeel van de fabricage in de industrie van de Caraïben, %

de jaren 1970

De sector van de fabricage in de Caraïben bedroeg in de jaren 1970 US$6,5 miljard per jaar. Het aandeel in de wereld was 0,42%, en 1,3% in Amerika.

Het aandeel van de fabricage in de economie van de Caraïben was 19,0% in de jaren 1970, en was vergelijkbaar met Maleisië (19,0%), Zambia (19,1%), Nigeria (18,9%).

De fabricage per hoofd in de Caraïben was $245,5 in de jaren 1970s, en was vergelijkbaar met Cyprus (US$246,2). De toegevoegde waarde van de fabricage per hoofd in de Caraïben was 35,9% lager dan de fabricage per hoofd van de bevolking in de wereld ($383,2), en was in 3,7 keer lager dan de fabricage per hoofd van de bevolking in Amerika ($383,2).

De groei van de fabricage in de Caraïben bedroeg 6.3% in de jaren 1970, en was vergelijkbaar met Malawi (6,2%), Guatemala (6,3%), de Filipijnen (6,3%). De groei van de fabricage in de Caraïben (6,3%) was groter dan de groei van de fabricage in de wereld (3,8%), was groter dan de groei van de fabricage in Amerika (3,6%).

Vergelijking met subregio's. De waarde van de fabricage in de Caraïben was minder dan in Noord-Amerika (US$409,6 miljard), in Zuid-Amerika (US$63,8 miljard) en in Centraal-Amerika (US$22,1 miljard). De sector van de fabricage per hoofd in de Caraïben was in de Caraïben minder dan in Noord-Amerika (US$1.698,2), in Zuid-Amerika (US$299,4) en in Centraal-Amerika (US$279,6). De groei van de fabricage in de Caraïben was groter dan in Zuid-Amerika (5,9%) en in Noord-Amerika (2,8%); maar minder dan in Centraal-Amerika (6,9%).

Leiders. De fabricage van de Caraïben in de jaren 1970 bestond uit: Puerto Rico (39,2%), Cuba (23,2%), Dominicaanse Republiek (21,3%), Jamaica (6,1%), Trinidad en Tobago (5,5%), en andere (4,6%). Het aandeel van de fabricage in economie van de leiders: Dominicaanse Republiek (33,6%), Puerto Rico (30,9%), Trinidad en Tobago (15,4%), Jamaica (14,1%) en Cuba (11,4%). De fabricage per hoofd in de Caraïben onder de leiders: Puerto Rico ($900,9), Trinidad en Tobago ($358,0), Dominicaanse Republiek ($273,2), Jamaica ($198,7) en Cuba ($161,9). De groei van de fabricage onder de leiders: Puerto Rico (7,5%), Dominicaanse Republiek (7,0%), Cuba (5,4%), Trinidad en Tobago (1,7%) en Jamaica (-1,1%).

de jaren 1980

De fabricage van de Caraïben bedroeg in de jaren 1980 US$15,3 miljard per jaar, en was vergelijkbaar met Indonesië (US$15,4 miljard), Finland (US$15,4 miljard). Het aandeel in de wereld was 0,48%, en 1,4% in Amerika.

Het aandeel van de fabricage in de economie van de Caraïben was 20,6% in de jaren 1980, en was vergelijkbaar met Maleisië (20,6%), Israël (20,7%), Nieuw-Caledonië (20,7%).

De sector van de fabricage per hoofd in de Caraïben was $497,2 in de jaren 1980s, en was vergelijkbaar met Turkije (US$504,4), Trinidad en Tobago (US$489,8), Paraguay (US$507,9). De sector van de fabricage per hoofd in de Caraïben was 24,8% lager dan de fabricage per hoofd van de bevolking in de wereld ($661,2), en was in 3,2 keer lager dan de fabricage per hoofd van de bevolking in Amerika ($661,2).

De groei van de fabricage in de Caraïben bedroeg 3.2% in de jaren 1980, en was vergelijkbaar met Portugal (3,2%), Zambia (3,3%). De groei van de fabricage in de Caraïben (3,2%) was groter dan de groei van de fabricage in de wereld (2,6%), was groter dan de groei van de fabricage in Amerika (1,8%).

Vergelijking met subregio's. De waarde van de fabricage in de Caraïben was minder dan in Noord Amerika (US$854,3 miljard), in Zuid-Amerika (US$136,8 miljard) en in Centraal-Amerika (US$51,5 miljard). De toegevoegde waarde van de fabricage per hoofd in de Caraïben was in de Caraïben minder dan in Noord-Amerika (US$3,2 duizend), in Zuid-Amerika (US$516,2) en in Centraal-Amerika (US$509,0). De groei van de fabricage in de Caraïben was groter dan in Centraal-Amerika (2,0%), in Noord-Amerika (1,9%) en in Zuid-Amerika (1,1%).

Leiders. De toegevoegde waarde van de fabricage in de Caraïben in de jaren 1980 bestond uit: Puerto Rico (51,8%), Cuba (19,0%), Dominicaanse Republiek (16,1%), Jamaica (3,7%), Trinidad en Tobago (3,7%), en andere (5,6%). Het aandeel van de fabricage in economie van de leiders: Puerto Rico (39,2%), Dominicaanse Republiek (30,4%), Jamaica (15,1%), Cuba (11,3%) en Trinidad en Tobago (8,7%). De sector van de fabricage per hoofd in de Caraïben onder de leiders: Puerto Rico ($2.443,8), Trinidad en Tobago ($489,8), Dominicaanse Republiek ($386,0), Cuba ($287,5) en Jamaica ($248,8). De groei van de fabricage onder de leiders: Puerto Rico (3,7%), Cuba (3,6%), Dominicaanse Republiek (3,3%), Jamaica (1,5%) en Trinidad en Tobago (-1,1%).

de jaren 1990

De toegevoegde waarde van de fabricage in de Caraïben bedroeg in de jaren 1990 US$27,7 miljard per jaar, en was vergelijkbaar met Zuidelijk Afrika (US$27,4 miljard). Het aandeel in de wereld was 0,53%, en 1,7% in Amerika.

Het aandeel van de fabricage in de economie van de Caraïben was 24,4% in de jaren 1990, en was vergelijkbaar met Ghana (24,4%), de Dominicaanse Republiek (24,4%), Zuidoost-Azië (24,3%).

De fabricage per hoofd in de Caraïben was $791,2 in de jaren 1990s, en was vergelijkbaar met Centraal-Amerika (US$786,6), Chili (US$781,8), Hongarije (US$772,2). De toegevoegde waarde van de fabricage per hoofd in de Caraïben was 12,9% lager dan de fabricage per hoofd van de bevolking in de wereld ($908,4), en was in 2,7 keer lager dan de fabricage per hoofd van de bevolking in Amerika ($908,4).

De groei van de fabricage in de Caraïben bedroeg 2.7% in de jaren 1990, en was vergelijkbaar met Canada (2,7%), Libië (2,7%). De groei van de fabricage in de Caraïben (2,7%) was groter dan de groei van de fabricage in de wereld (2,0%), was minder dan de groei van de fabricage in Amerika (3,0%).

Vergelijking met subregio's. De fabricage van de Caraïben was minder dan in Noord-Amerika (US$1,3 biljoen), in Zuid-Amerika (US$208,6 miljard) en in Centraal-Amerika (US$97,1 miljard). De sector van de fabricage per hoofd in de Caraïben was in de Caraïben groter dan in Centraal-Amerika (US$786,6) en in Zuid-Amerika (US$653,1); maar minder dan in Noord-Amerika (US$4,6 duizend). De groei van de fabricage in de Caraïben was groter dan in Zuid-Amerika (1,4%); maar minder dan in Centraal-Amerika (4,2%) en in Noord-Amerika (3,2%).

Leiders. De sector van de fabricage in de Caraïben in de jaren 1990 bestond uit: Puerto Rico (63,0%), Cuba (14,9%), Dominicaanse Republiek (12,4%), Trinidad en Tobago (3,0%), Jamaica (2,9%), en andere (3,8%). Het aandeel van de fabricage in economie van de leiders: Puerto Rico (41,2%), Dominicaanse Republiek (24,4%), Cuba (15,3%), Trinidad en Tobago (15,0%) en Jamaica (13,0%). De toegevoegde waarde van de fabricage per hoofd in de Caraïben onder de leiders: Puerto Rico ($4.923,8), Trinidad en Tobago ($672,6), Dominicaanse Republiek ($443,8), Cuba ($379,2) en Jamaica ($319,0). De groei van de fabricage onder de leiders: Trinidad en Tobago (6,5%), Dominicaanse Republiek (5,7%), Puerto Rico (3,8%), Cuba (-2,0%) en Jamaica (-2,5%).

de jaren 2000

De sector van de fabricage in de Caraïben bedroeg in de jaren 2000 US$52,5 miljard per jaar, en was vergelijkbaar met Oostenrijk (US$53,4 miljard). Het aandeel in de wereld was 0,71%, en 2,3% in Amerika.

Het aandeel van de fabricage in de economie van de Caraïben was 24,8% in de jaren 2000, en was vergelijkbaar met Indonesië (25,0%), Tsjechië (24,6%).

De fabricage per hoofd in de Caraïben was $1.361,4 in de jaren 2000s, en was vergelijkbaar met Curaçao (US$1.358,9), Mexico (US$1.370,6). De waarde van de fabricage per hoofd in de Caraïben was 19,6% hoger dan de fabricage per hoofd van de bevolking in de wereld ($1.138,1), en was 47,3% lager dan de fabricage per hoofd van de bevolking in Amerika ($1.138,1).

De groei van de fabricage in de Caraïben bedroeg 1.6% in de jaren 2000, en was vergelijkbaar met Mauritius (1,6%), Guinee (1,6%). De groei van de fabricage in de Caraïben (1,6%) was minder dan de groei van de fabricage in de wereld (4,2%), was groter dan de groei van de fabricage in Amerika (1,4%).

Vergelijking met subregio's. De waarde van de fabricage in de Caraïben was minder dan in Noord-Amerika (US$1,8 biljoen), in Zuid-Amerika (US$268,6 miljard) en in Centraal-Amerika (US$158,5 miljard). De toegevoegde waarde van de fabricage per hoofd in de Caraïben was in de Caraïben groter dan in Centraal-Amerika (US$1.092,6) en in Zuid-Amerika (US$728,1); maar minder dan in Noord-Amerika (US$5,5 duizend). De groei van de fabricage in de Caraïben was groter dan in Noord-Amerika (1,3%) en in Centraal-Amerika (0,090%); maar minder dan in Zuid-Amerika (2,5%).

Leiders. De sector van de fabricage in de Caraïben in de jaren 2000 bestond uit: Puerto Rico (65,9%), Cuba (12,4%), Dominicaanse Republiek (11,4%), Trinidad en Tobago (5,6%), Jamaica (1,7%), en andere (3,0%). Het aandeel van de fabricage in economie van de leiders: Puerto Rico (42,9%), Dominicaanse Republiek (19,5%), Trinidad en Tobago (19,3%), Cuba (14,8%) en Jamaica (8,9%). De fabricage per hoofd in de Caraïben onder de leiders: Puerto Rico ($9.513,1), Trinidad en Tobago ($2.279,1), Dominicaanse Republiek ($662,6), Cuba ($582,5) en Jamaica ($328,3). De groei van de fabricage onder de leiders: Trinidad en Tobago (10,9%), Cuba (3,4%), Dominicaanse Republiek (2,1%), Puerto Rico (0,84%) en Jamaica (-1,2%).

de jaren 2010

De waarde van de fabricage in de Caraïben bedroeg in de jaren 2010 US$78,1 miljard per jaar, en was vergelijkbaar met Argentinië (US$78,9 miljard), Ierland (US$80,1 miljard). Het aandeel in de wereld was 0,63%, en 2,6% in Amerika.

Het aandeel van de fabricage in de economie van de Caraïben was 23,7% in de jaren 2010.

De toegevoegde waarde van de fabricage per hoofd in de Caraïben was $1.885,7 in de jaren 2010s, en was vergelijkbaar met Uruguay (US$1.922,7), Turkije (US$1.842,4), Argentinië (US$1.841,2). De toegevoegde waarde van de fabricage per hoofd in de Caraïben was 11,1% hoger dan de fabricage per hoofd van de bevolking in de wereld ($1.697,4), en was 39,2% lager dan de fabricage per hoofd van de bevolking in Amerika ($1.697,4).

De groei van de fabricage in de Caraïben bedroeg 0% in de jaren 2010. De groei van de fabricage in de Caraïben (0,042%) was minder dan de groei van de fabricage in de wereld (3,9%), was minder dan de groei van de fabricage in Amerika (1,6%).

Vergelijking met subregio's. De sector van de fabricage in de Caraïben was 28,7 keer minder dan in Noord-Amerika (US$2,2 biljoen), 6,1 keer minder dan in Zuid-Amerika (US$480,0 miljard) en 2,9 keer minder dan in Centraal-Amerika (US$224,6 miljard). De sector van de fabricage per hoofd in de Caraïben was in de Caraïben40,8% groter dan in Centraal-Amerika (US$1.339,0) en 61,0% groter dan in Zuid-Amerika (US$1.170,9); maar 3,3 keer minder dan in Noord-Amerika (US$6,3 duizend). De groei van de fabricage in de Caraïben was groter dan in Zuid-Amerika (-0,63%); maar minder dan in Centraal-Amerika (2,9%) en in Noord-Amerika (1,9%).

Leiders. De toegevoegde waarde van de fabricage in de Caraïben in de jaren 2010 bestond uit: Puerto Rico (61,6%), Cuba (15,7%), Dominicaanse Republiek (13,0%), Trinidad en Tobago (5,7%), Jamaica (1,5%), en andere (2,5%). Het aandeel van de fabricage in economie van de leiders: Puerto Rico (47,2%), Trinidad en Tobago (18,5%), Dominicaanse Republiek (15,6%), Cuba (14,6%) en Jamaica (9,0%). De toegevoegde waarde van de fabricage per hoofd in de Caraïben onder de leiders: Puerto Rico ($14.406,6), Trinidad en Tobago ($3.271,3), Cuba ($1.083,9), Dominicaanse Republiek ($996,2) en Jamaica ($397,1). De groei van de fabricage onder de leiders: Dominicaanse Republiek (4,0%), Jamaica (0,47%), Cuba (0,33%), Puerto Rico (-0,78%) en Trinidad en Tobago (-1,3%).

Hoofdstuk VI. Constructie

(ISIC F)

De bouw van de Caraïben steeg van US$2,2 miljard per jaar in de jaren 1970 tot US$20,6 miljard per jaar in de jaren 2010, dat wil zeggen met US$18,4 miljard of 9,2 keer. De verandering vond plaats op US$15,7 miljard als gevolg van een 4,2-voudige stijging van de prijzen, en ook op US$1,4 miljard als gevolg van een 1,4-voudige toename van de productiviteit , evenals op US$1,3 miljard als gevolg van de toename van de bevolking. De gemiddelde jaarlijkse groei van de constructie is 2,4%. De minimumwaarde van de constructie bedroeg US$1,3 miljard in 1970. De maximumwaarde van de constructie bedroeg US$27,9 miljard in 2018.

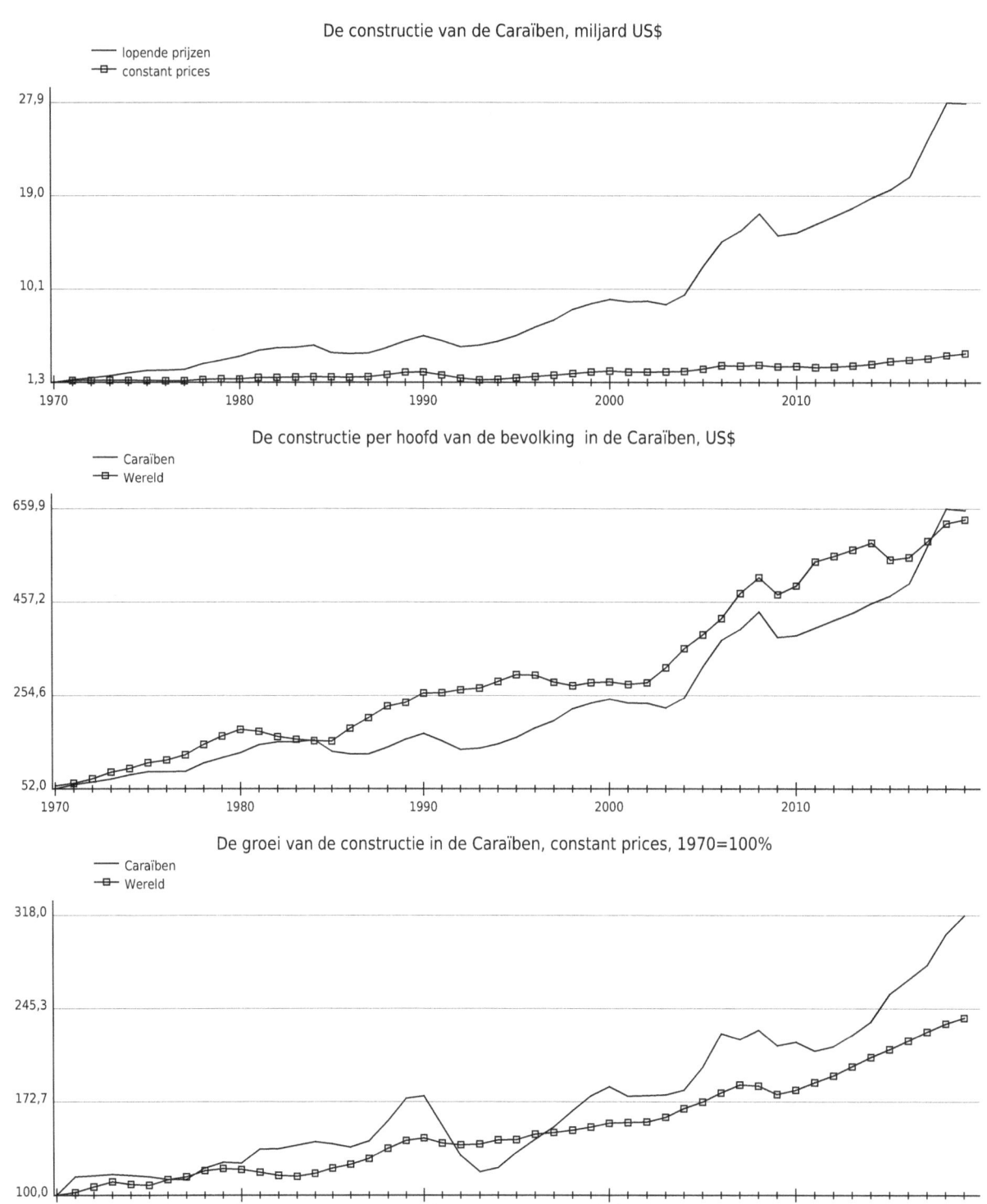

De constructie van de Caraïben, miljard US$

De constructie per hoofd van de bevolking in de Caraïben, US$

De groei van de constructie in de Caraïben, constant prices, 1970=100%

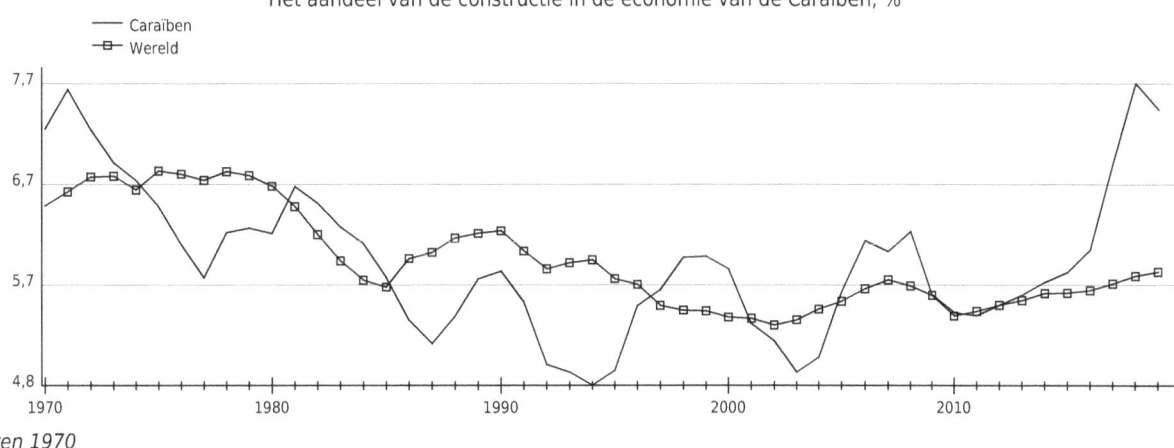

Het aandeel van de constructie in de economie van de Caraïben, %

de jaren 1970

De sector van de constructie in de Caraïben bedroeg in de jaren 1970 US$2,2 miljard per jaar, en was vergelijkbaar met de Verenigde Arabische Emiraten (US$2,2 miljard). Het aandeel in de wereld was 0,52%, en 1,8% in Amerika.

Het aandeel van de constructie in de economie van de Caraïben was 6,5% in de jaren 1970, en was vergelijkbaar met de Bahama's (6,6%), Uruguay (6,5%).

De toegevoegde waarde van de constructie per hoofd in de Caraïben was $84,1 in de jaren 1970s, en was vergelijkbaar met Turkije (US$85,7). De waarde van de constructie per hoofd in de Caraïben was 20,7% lager dan de constructie per hoofd van de bevolking in de wereld ($106,1), en was in 2,6 keer lager dan de constructie per hoofd van de bevolking in Amerika ($106,1).

De groei van de constructie in de Caraïben bedroeg 2.6% in de jaren 1970. De groei van de constructie in de Caraïben (2,6%) was groter dan de groei van de constructie in de wereld (2,1%), was groter dan de groei van de constructie in Amerika (1,5%).

Vergelijking met subregio's. De waarde van de constructie in de Caraïben was minder dan in Noord-Amerika (US$93,3 miljard), in Zuid-Amerika (US$17,3 miljard) en in Centraal-Amerika (US$9,0 miljard). De waarde van de constructie per hoofd in de Caraïben was in de Caraïben groter dan in Zuid-Amerika (US$81,0); maar minder dan in Noord-Amerika (US$386,9) en in Centraal-Amerika (US$113,4). De groei van de constructie in de Caraïben was groter dan in Noord-Amerika (0,50%); maar minder dan in Zuid-Amerika (7,3%) en in Centraal-Amerika (6,5%).

Leiders. De toegevoegde waarde van de constructie in de Caraïben in de jaren 1970 bestond uit: Cuba (40,3%), Puerto Rico (22,2%), Trinidad en Tobago (10,8%), Dominicaanse Republiek (9,4%), Jamaica (7,4%), en andere (10,0%). Het aandeel van de constructie in economie van de leiders: Trinidad en Tobago (10,3%), Cuba (6,8%), Puerto Rico (6,0%), Jamaica (5,8%) en Dominicaanse Republiek (5,1%). De sector van de constructie per hoofd in de Caraïben onder de leiders: Trinidad en Tobago ($238,8), Puerto Rico ($174,8), Cuba ($96,2), Jamaica ($81,8) en Dominicaanse Republiek ($41,2). De groei van de constructie onder de leiders: Trinidad en Tobago (14,3%), Dominicaanse Republiek (10,8%), Cuba (5,4%), Jamaica (-6,9%) en Puerto Rico (-8,1%).

de jaren 1980

De waarde van de constructie in de Caraïben bedroeg in de jaren 1980 US$4,4 miljard per jaar, en was vergelijkbaar met Indonesië (US$4,5 miljard). Het aandeel in de wereld was 0,49%, en 1,7% in Amerika.

Het aandeel van de constructie in de economie van de Caraïben was 5,9% in de jaren 1980, en was vergelijkbaar met Syrië (5,9%), Tsjaad (5,9%), Honduras (6,0%).

De constructie per hoofd in de Caraïben was $143,1 in de jaren 1980s, en was vergelijkbaar met Puerto Rico (US$145,6), de Marshalleilanden (US$145,7). De waarde van de constructie per hoofd in de Caraïben was 23,1% lager dan de constructie per hoofd van de bevolking in de wereld ($186,2), en was in 2,8 keer lager dan de constructie per hoofd van de bevolking in Amerika ($186,2).

De groei van de constructie in de Caraïben bedroeg 3.4% in de jaren 1980, en was vergelijkbaar met Palestina (3,4%), Benin (3,4%), Burkina Faso (3,4%). De groei van de constructie in de Caraïben (3,4%) was groter dan de groei van de constructie in de wereld (1,7%), was groter dan de groei van de constructie in Amerika (0,83%).

Vergelijking met subregio's. De toegevoegde waarde van de constructie in de Caraïben was minder dan in Noord-Amerika (US$205,0 miljard), in Zuid-Amerika (US$35,4 miljard) en in Centraal-Amerika (US$18,0 miljard). De constructie per hoofd in de Caraïben was in de Caraïben groter dan in Zuid-Amerika (US$133,6); maar minder dan in Noord-Amerika (US$772,7) en in Centraal-Amerika (US$178,0). De groei van de constructie in de Caraïben was groter dan in Noord-Amerika (1,3%), in Centraal-Amerika (-0,36%) en in Zuid-Amerika (-1,6%).

Leiders. De constructie van de Caraïben in de jaren 1980 bestond uit: Cuba (39,3%), Trinidad en Tobago (18,9%), Dominicaanse Republiek (11,3%), Puerto Rico (10,7%), Jamaica (4,7%), en andere (15,0%). Het aandeel van de constructie in economie van de leiders: Trinidad en Tobago (12,8%), Cuba (6,7%), Dominicaanse Republiek (6,1%), Jamaica (5,5%) en Puerto Rico (2,3%). De sector van de constructie per hoofd in de Caraïben onder de leiders: Trinidad en Tobago ($718,9), Cuba ($171,2), Puerto Rico ($145,6), Jamaica ($90,5) en Dominicaanse Republiek ($77,9). De groei van de constructie onder de leiders: Dominicaanse Republiek (6,6%), Cuba (4,8%), Jamaica (1,9%), Puerto Rico (1,8%) en Trinidad en Tobago (-7,5%).

de jaren 1990

De sector van de constructie in de Caraïben bedroeg in de jaren 1990 US$6,2 miljard per jaar, en was vergelijkbaar met Portugal (US$6,2 miljard). Het aandeel in de wereld was 0,39%, en 1,4% in Amerika.

Het aandeel van de constructie in de economie van de Caraïben was 5,5% in de jaren 1990, en was vergelijkbaar met Gambia (5,5%), Italië (5,5%), Noord-Europa (5,4%).

De bouw per hoofd in de Caraïben was $177,3 in de jaren 1990s, en was vergelijkbaar met Jamaica (US$179,7), Mauritius (US$174,7), Slowakije (US$174,1). De waarde van de constructie per hoofd in de Caraïben was 36,4% lager dan de constructie per hoofd van de bevolking in de wereld ($278,6), en was in 3,2 keer lager dan de constructie per hoofd van de bevolking in Amerika ($278,6).

De groei van de constructie in de Caraïben bedroeg 0.1% in de jaren 1990. De groei van de constructie in de Caraïben (0,11%) was minder dan de groei van de constructie in de wereld (0,71%), was minder dan de groei van de constructie in Amerika (1,8%).

Vergelijking met subregio's. De waarde van de constructie in de Caraïben was minder dan in Noord-Amerika (US$331,2 miljard), in Zuid-Amerika (US$65,7 miljard) en in Centraal-Amerika (US$32,1 miljard). De toegevoegde waarde van de constructie per hoofd in de Caraïben was in de Caraïben minder dan in Noord-Amerika (US$1.128,2), in Centraal-Amerika (US$259,9) en in Zuid-Amerika (US$205,6). De groei van de constructie in de Caraïben was minder dan in Centraal-Amerika (3,7%), in Zuid-Amerika (2,1%) en in Noord-Amerika (1,6%).

Leiders. De bouw van de Caraïben in de jaren 1990 bestond uit: Cuba (25,4%), Puerto Rico (19,7%), Dominicaanse Republiek (17,6%), Trinidad en Tobago (7,7%), Jamaica (7,3%), en andere (22,3%). Het aandeel van de constructie in economie van de leiders: Trinidad en Tobago (8,6%), Dominicaanse Republiek (7,8%), Jamaica (7,3%), Cuba (5,9%) en Puerto Rico (2,9%). De constructie per hoofd in de Caraïben onder de leiders: Trinidad en Tobago ($383,9), Puerto Rico ($344,2), Jamaica ($179,7), Cuba ($145,4) en Dominicaanse Republiek ($141,1). De groei van de constructie onder de leiders: Puerto Rico (6,8%), Dominicaanse Republiek (5,2%), Trinidad en Tobago (4,7%), Jamaica (-0,46%) en Cuba (-8,1%).

de jaren 2000

De sector van de constructie in de Caraïben bedroeg in de jaren 2000 US$12,0 miljard per jaar, en was vergelijkbaar met Denemarken (US$11,9 miljard). Het aandeel in de wereld was 0,49%, en 1,5% in Amerika.

Het aandeel van de constructie in de economie van de Caraïben was 5,7% in de jaren 2000, en was vergelijkbaar met Palestina (5,7%), Noord-Afrika (5,7%), Oost-Azië (5,7%).

De waarde van de constructie per hoofd in de Caraïben was $311,9 in de jaren 2000s, en was vergelijkbaar met Oost-Azië (US$311,3), Panama (US$308,3), Oost-Europa (US$317,4). De bouw per hoofd in de Caraïben was 18,2% lager dan de constructie per hoofd van de bevolking in de wereld ($381,3), en was in 3,0 keer lager dan de constructie per hoofd van de bevolking in Amerika ($381,3).

De groei van de constructie in de Caraïben bedroeg 2% in de jaren 2000. De groei van de constructie in de Caraïben (2,0%) was groter dan de groei van de constructie in de wereld (1,5%), was groter dan de groei van de constructie in Amerika (-0,96%).

Vergelijking met subregio's. De toegevoegde waarde van de constructie in de Caraïben was minder dan in Noord-Amerika (US$647,3 miljard), in Zuid-Amerika (US$87,1 miljard) en in Centraal-Amerika (US$71,6 miljard). De toegevoegde waarde van de constructie per hoofd in de Caraïben was in de Caraïben groter dan in Zuid-Amerika (US$236,2); maar minder dan in Noord-Amerika (US$1.985,0) en in Centraal-Amerika (US$493,5). De groei van de constructie in de Caraïben was groter dan in Centraal-Amerika (1,5%) en in

Noord-Amerika (-2,1%); maar minder dan in Zuid-Amerika (3,5%).

Leiders. De sector van de constructie in de Caraïben in de jaren 2000 bestond uit: Dominicaanse Republiek (25,0%), Cuba (20,5%), Puerto Rico (16,8%), Trinidad en Tobago (9,4%), Haïti (7,8%), en andere (20,5%). Het aandeel van de constructie in economie van de leiders: Haïti (21,5%), Dominicaanse Republiek (9,8%), Trinidad en Tobago (7,4%), Cuba (5,6%) en Puerto Rico (2,5%). De toegevoegde waarde van de constructie per hoofd in de Caraïben onder de leiders: Trinidad en Tobago ($877,1), Puerto Rico ($556,3), Dominicaanse Republiek ($333,2), Cuba ($219,4) en Haïti ($103,4). De groei van de constructie onder de leiders: Trinidad en Tobago (6,2%), Cuba (5,9%), Haïti (2,5%), Dominicaanse Republiek (0,81%) en Puerto Rico (-2,2%).

de jaren 2010

De sector van de constructie in de Caraïben bedroeg in de jaren 2010 US$20,6 miljard per jaar. Het aandeel in de wereld was 0,49%, en 1,8% in Amerika.

Het aandeel van de constructie in de economie van de Caraïben was 6,3% in de jaren 2010, en was vergelijkbaar met Dominica (6,2%), Vietnam (6,2%), Sint Maarten (6,2%).

De sector van de constructie per hoofd in de Caraïben was $497,1 in de jaren 2010s, en was vergelijkbaar met Wit-Rusland (US$495,0), Polynesië (US$491,2), Cuba (US$504,6). De toegevoegde waarde van de constructie per hoofd in de Caraïben was 13,1% lager dan de constructie per hoofd van de bevolking in de wereld ($572,1), en was in 2,4 keer lager dan de constructie per hoofd van de bevolking in Amerika ($572,1).

De groei van de constructie in de Caraïben bedroeg 3.9% in de jaren 2010. De groei van de constructie in de Caraïben (3,9%) was groter dan de groei van de constructie in de wereld (2,9%), was groter dan de groei van de constructie in Amerika (1,3%).

Vergelijking met subregio's. De constructie van de Caraïben was 39,1 keer minder dan in Noord-Amerika (US$805,6 miljard), 11,0 keer minder dan in Zuid-Amerika (US$226,9 miljard) en 5,1 keer minder dan in Centraal-Amerika (US$105,6 miljard). De toegevoegde waarde van de constructie per hoofd in de Caraïben was in de Caraïben4,6 keer minder dan in Noord-Amerika (US$2,3 duizend), 21,0% minder dan in Centraal-Amerika (US$629,5) en 10,2% minder dan in Zuid-Amerika (US$553,5). De groei van de constructie in de Caraïben was groter dan in Noord-Amerika (1,6%), in Centraal-Amerika (1,4%) en in Zuid-Amerika (0,13%).

Leiders. De waarde van de constructie in de Caraïben in de jaren 2010 bestond uit: Dominicaanse Republiek (35,9%), Cuba (27,7%), Haïti (8,8%), Trinidad en Tobago (6,8%), Puerto Rico (5,5%), en andere (15,3%). Het aandeel van de constructie in economie van de leiders: Haïti (23,0%), Dominicaanse Republiek (11,3%), Cuba (6,8%), Trinidad en Tobago (5,8%) en Puerto Rico (1,1%). De waarde van de constructie per hoofd in de Caraïben onder de leiders: Trinidad en Tobago ($1.031,4), Dominicaanse Republiek ($723,3), Cuba ($504,6), Puerto Rico ($337,6) en Haïti ($171,5). De groei van de constructie onder de leiders: Dominicaanse Republiek (7,4%), Cuba (4,7%), Haïti (4,1%), Trinidad en Tobago (-1,9%) en Puerto Rico (-6,3%).

Hoofdstuk VII. Vervoer

Transport, opslag en communicatie (ISIC I)

De sector van het transport in de Caraïben steeg van US$2,6 miljard per jaar in de jaren 1970 tot US$24,4 miljard per jaar in de jaren 2010, dat wil zeggen met US$21,8 miljard of 9,2 keer. De verandering vond plaats op US$12,3 miljard als gevolg van een 2,0-voudige stijging van de prijzen, en ook op US$7,9 miljard als gevolg van een 2,9-voudige toename van de productiviteit , evenals op US$1,5 miljard als gevolg van de toename van de bevolking. De gemiddelde jaarlijkse groei van het transport is 3,9%. De minimumwaarde van het transport bedroeg US$1,3 miljard in 1970. De maximumwaarde van het transport bedroeg US$27,9 miljard in 2019.

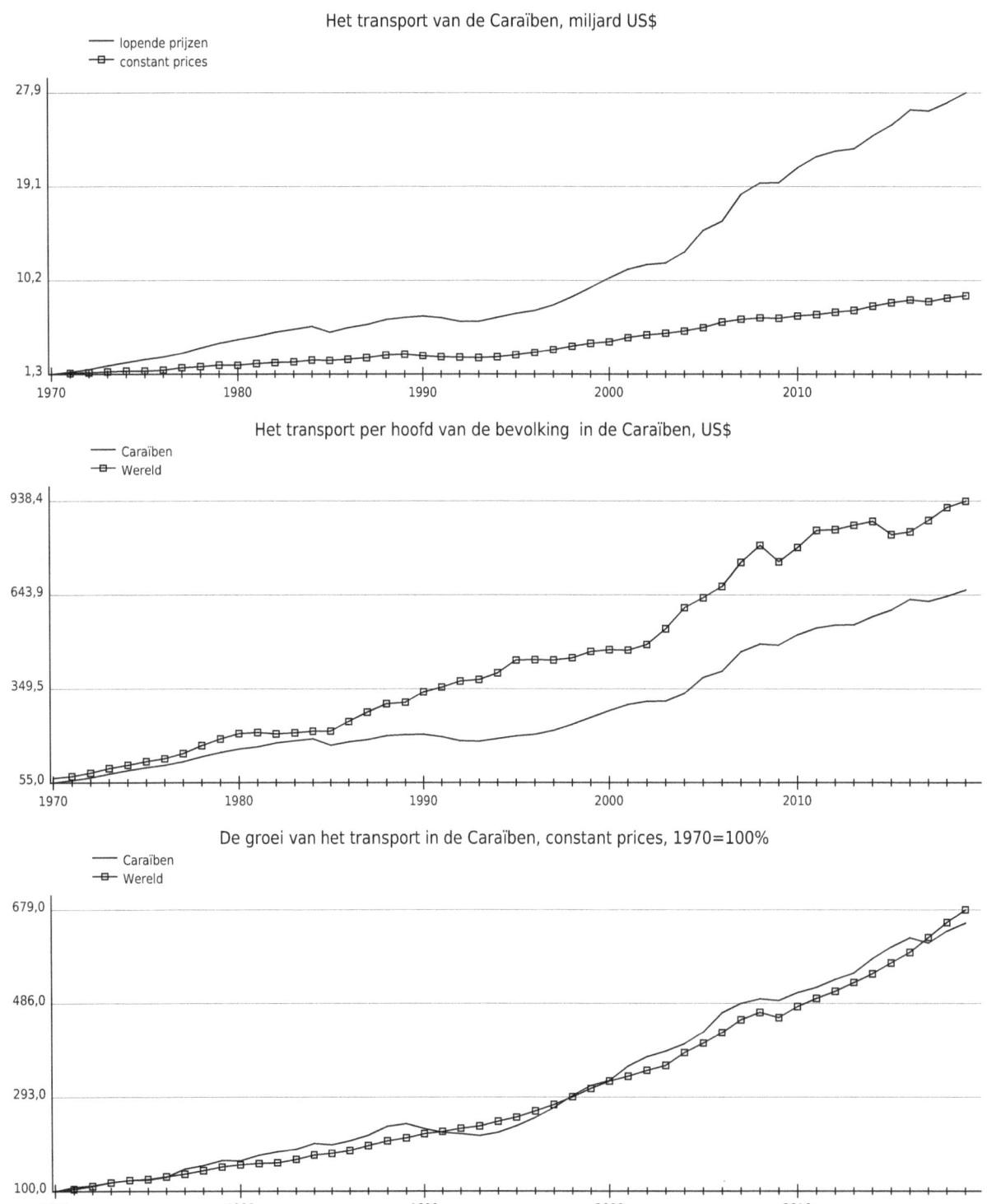

Het transport van de Caraïben, miljard US$

Het transport per hoofd van de bevolking in de Caraïben, US$

De groei van het transport in de Caraïben, constant prices, 1970=100%

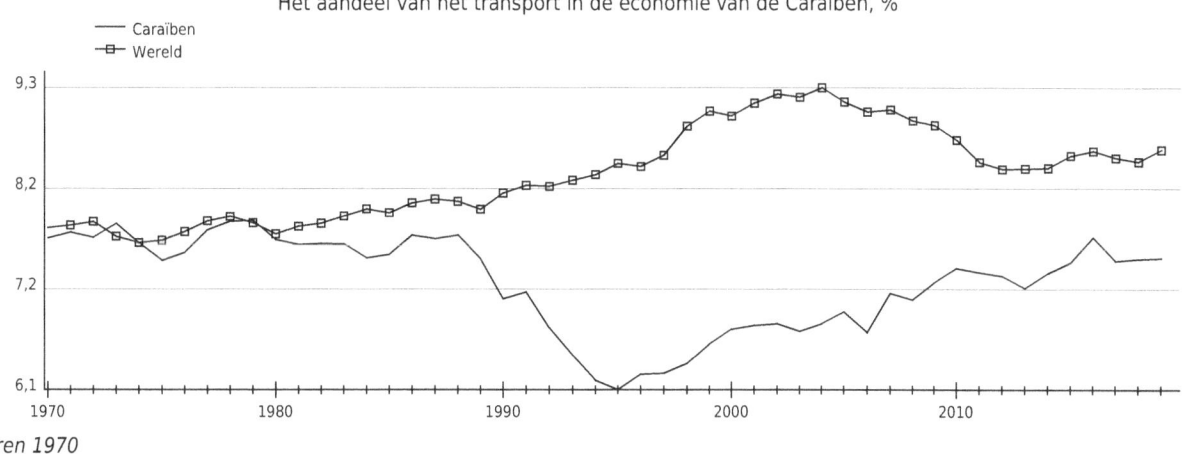

Het aandeel van het transport in de economie van de Caraïben, %

de jaren 1970

De sector van het transport in de Caraïben bedroeg in de jaren 1970 US$2,6 miljard per jaar, en was vergelijkbaar met Iran (US$2,6 miljard), Polen (US$2,6 miljard). Het aandeel in de wereld was 0,54%, en 1,3% in Amerika.

Het aandeel van het transport in de economie van de Caraïben was 7,7% in de jaren 1970, en was vergelijkbaar met Centraal-Afrika (7,7%), de Nederland (7,7%), Aruba (7,7%).

De waarde van het transport per hoofd in de Caraïben was $99,7 in de jaren 1970s, en was vergelijkbaar met Jamaica (US$99,0), Barbados (US$99,0), Papoea-Nieuw-Guinea (US$98,1). De waarde van het transport per hoofd in de Caraïben was 18,5% lager dan het transport per hoofd van de bevolking in de wereld ($122,3), en was in 3,6 keer lager dan het transport per hoofd van de bevolking in Amerika ($122,3).

De groei van het transport in de Caraïben bedroeg 5.5% in de jaren 1970, en was vergelijkbaar met Zuidelijk Afrika (5,5%), Zuid-Afrika (5,6%), Dominica (5,6%). De groei van het transport in de Caraïben (5,5%) was groter dan de groei van het transport in de wereld (4,6%), was groter dan de groei van het transport in Amerika (4,9%).

Vergelijking met subregio's. De sector van het transport in de Caraïben was minder dan in Noord-Amerika (US$181,3 miljard), in Zuid-Amerika (US$11,5 miljard) en in Centraal-Amerika (US$6,5 miljard). Het transport per hoofd in de Caraïben was in de Caraïben groter dan in Centraal-Amerika (US$82,4) en in Zuid-Amerika (US$54,0); maar minder dan in Noord-Amerika (US$751,9). De groei van het transport in de Caraïben was groter dan in Noord-Amerika (4,3%); maar minder dan in Centraal-Amerika (10,6%) en in Zuid-Amerika (7,1%).

Leiders. De toegevoegde waarde van het transport in de Caraïben in de jaren 1970 bestond uit: Cuba (49,7%), Puerto Rico (12,8%), Dominicaanse Republiek (11,6%), Trinidad en Tobago (8,5%), Jamaica (7,5%), en andere (9,8%). Het aandeel van het transport in economie van de leiders: Cuba (9,9%), Trinidad en Tobago (9,7%), Dominicaanse Republiek (7,4%), Jamaica (7,0%) en Puerto Rico (4,1%). De sector van het transport per hoofd in de Caraïben onder de leiders: Trinidad en Tobago ($223,8), Cuba ($140,9), Puerto Rico ($119,1), Jamaica ($99,0) en Dominicaanse Republiek ($60,5). De groei van het transport onder de leiders: Dominicaanse Republiek (7,7%), Puerto Rico (6,1%), Cuba (5,4%), Trinidad en Tobago (3,7%) en Jamaica (1,9%).

de jaren 1980

De sector van het transport in de Caraïben bedroeg in de jaren 1980 US$5,7 miljard per jaar, en was vergelijkbaar met Joegoslavië (US$5,8 miljard). Het aandeel in de wereld was 0,48%, en 1,2% in Amerika.

Het aandeel van het transport in de economie van de Caraïben was 7,6% in de jaren 1980, en was vergelijkbaar met Oost-Azië (7,6%), Benin (7,6%), West-Europa (7,6%).

Het vervoer per hoofd in de Caraïben was $184,1 in de jaren 1980s, en was vergelijkbaar met Oman (US$182,6), Suriname (US$185,8). De waarde van het transport per hoofd in de Caraïben was 24,0% lager dan het transport per hoofd van de bevolking in de wereld ($242,0), en was in 3,9 keer lager dan het transport per hoofd van de bevolking in Amerika ($242,0).

De groei van het transport in de Caraïben bedroeg 3.9% in de jaren 1980, en was vergelijkbaar met Griekenland (3,9%), Italië (3,9%), Myanmar (4,0%). De groei van het transport in de Caraïben (3,9%) was groter dan de groei van het transport in de wereld (3,4%), was groter dan de groei van het transport in Amerika (3,5%).

Vergelijking met subregio's. Het vervoer van de Caraïben was minder dan in Noord-Amerika (US$423,2 miljard), in Zuid-Amerika (US$27,0 miljard) en in Centraal-Amerika (US$17,6 miljard). Het transport per hoofd in de Caraïben was in de Caraïben groter dan in Centraal-Amerika (US$174,2) en in Zuid-Amerika (US$101,7); maar minder dan in Noord-Amerika (US$1.595,3). De groei van het transport in de Caraïben was groter dan in Noord-Amerika (3,6%), in Zuid-Amerika (2,9%) en in Centraal-Amerika (2,8%).

Leiders. Het vervoer van de Caraïben in de jaren 1980 bestond uit: Cuba (45,5%), Puerto Rico (15,0%), Trinidad en Tobago (11,6%), Dominicaanse Republiek (9,7%), Jamaica (5,4%), en andere (12,8%). Het aandeel van het transport in economie van de leiders: Trinidad en Tobago (10,1%), Cuba (10,0%), Jamaica (8,1%), Dominicaanse Republiek (6,8%) en Puerto Rico (4,2%). De waarde van het transport per hoofd in de Caraïben onder de leiders: Trinidad en Tobago ($567,0), Puerto Rico ($261,9), Cuba ($254,8), Jamaica ($133,7) en Dominicaanse Republiek ($86,0). De groei van het transport onder de leiders: Trinidad en Tobago (5,5%), Puerto Rico (4,8%), Cuba (4,1%), Dominicaanse Republiek (4,0%) en Jamaica (3,7%).

de jaren 1990

Het vervoer van de Caraïben bedroeg in de jaren 1990 US$7,3 miljard per jaar. Het aandeel in de wereld was 0,31%, en 0,86% in Amerika.

Het aandeel van het transport in de economie van de Caraïben was 6,5% in de jaren 1990, en was vergelijkbaar met Nieuw-Caledonië (6,5%), Mali (6,4%), Guyana (6,5%).

Het transport per hoofd in de Caraïben was $209,6 in de jaren 1990s, en was vergelijkbaar met Litouwen (US$211,9), Montenegro (US$214,4). De sector van het transport per hoofd in de Caraïben was 48,8% lager dan het transport per hoofd van de bevolking in de wereld ($409,5), en was in 5,3 keer lager dan het transport per hoofd van de bevolking in Amerika ($409,5).

De groei van het transport in de Caraïben bedroeg 2.9% in de jaren 1990. De groei van het transport in de Caraïben (2,9%) was minder dan de groei van het transport in de wereld (4,0%), was minder dan de groei van het transport in Amerika (4,7%).

Vergelijking met subregio's. De waarde van het transport in de Caraïben was minder dan in Noord-Amerika (US$745,9 miljard), in Zuid-Amerika (US$61,1 miljard) en in Centraal-Amerika (US$37,5 miljard). De waarde van het transport per hoofd in de Caraïben was in de Caraïben groter dan in Zuid-Amerika (US$191,3); maar minder dan in Noord-Amerika (US$2,5 duizend) en in Centraal-Amerika (US$304,3). De groei van het transport in de Caraïben was minder dan in Noord-Amerika (4,9%), in Centraal-Amerika (4,5%) en in Zuid-Amerika (3,2%).

Leiders. De waarde van het transport in de Caraïben in de jaren 1990 bestond uit: Cuba (27,9%), Puerto Rico (22,0%), Dominicaanse Republiek (13,5%), Jamaica (7,8%), Trinidad en Tobago (7,2%), en andere (21,5%). Het aandeel van het transport in economie van de leiders: Trinidad en Tobago (9,5%), Jamaica (9,3%), Cuba (7,6%), Dominicaanse Republiek (7,1%) en Puerto Rico (3,8%). Het vervoer per hoofd in de Caraïben onder de leiders: Puerto Rico ($456,2), Trinidad en Tobago ($425,8), Jamaica ($227,5), Cuba ($188,6) en Dominicaanse Republiek ($128,4). De groei van het transport onder de leiders: Dominicaanse Republiek (9,4%), Trinidad en Tobago (6,4%), Jamaica (6,4%), Puerto Rico (5,6%) en Cuba (-1,7%).

de jaren 2000

De toegevoegde waarde van het transport in de Caraïben bedroeg in de jaren 2000 US$14,6 miljard per jaar, en was vergelijkbaar met Tsjechië (US$14,5 miljard). Het aandeel in de wereld was 0,36%, en 0,98% in Amerika.

Het aandeel van het transport in de economie van de Caraïben was 6,9% in de jaren 2000, en was vergelijkbaar met de FS van Micronesië (7,0%).

De sector van het transport per hoofd in de Caraïben was $378,4 in de jaren 2000s, en was vergelijkbaar met Libië (US$379,3), Belize (US$377,1), Maleisië (US$383,9). Het transport per hoofd in de Caraïben was 39,1% lager dan het transport per hoofd van de bevolking in de wereld ($621,1), en was in 4,5 keer lager dan het transport per hoofd van de bevolking in Amerika ($621,1).

De groei van het transport in de Caraïben bedroeg 4.5% in de jaren 2000, en was vergelijkbaar met Colombia (4,5%), Wit-Rusland (4,5%). De groei van het transport in de Caraïben (4,5%) was groter dan de groei van het transport in de wereld (3,9%), was groter dan de groei van het transport in Amerika (3,2%).

Vergelijking met subregio's. De toegevoegde waarde van het transport in de Caraïben was minder dan in Noord-Amerika (US$1,3 biljoen), in Zuid-Amerika (US$125,5 miljard) en in Centraal-Amerika (US$79,6 miljard). De toegevoegde waarde van het transport per hoofd in de Caraïben was in de Caraïben groter dan in Zuid-Amerika (US$340,1); maar minder dan in Noord-Amerika (US$3,9 duizend) en in Centraal-Amerika (US$548,7). De groei van het transport in de Caraïben was groter dan in Centraal-Amerika (3,3%) en in Noord-Amerika (3,1%); maar minder dan in Zuid-Amerika (4,6%).

Leiders. De waarde van het transport in de Caraïben in de jaren 2000 bestond uit: Cuba (25,9%), Dominicaanse Republiek (20,1%), Puerto Rico (19,4%), Jamaica (7,5%), Trinidad en Tobago (6,9%), en andere (20,3%). Het aandeel van het transport in economie van de leiders: Jamaica (10,9%), Dominicaanse Republiek (9,6%), Cuba (8,6%), Trinidad en Tobago (6,6%) en Puerto Rico (3,5%). De sector van het transport per hoofd in de Caraïben onder de leiders: Puerto Rico ($778,4), Trinidad en Tobago ($775,8), Jamaica ($399,7), Cuba ($337,1) en Dominicaanse Republiek ($325,1). De groei van het transport onder de leiders: Dominicaanse Republiek (11,5%), Trinidad en Tobago (5,7%), Cuba (5,6%), Jamaica (2,2%) en Puerto Rico (0,46%).

de jaren 2010

De sector van het transport in de Caraïben bedroeg in de jaren 2010 US$24,4 miljard per jaar, en was vergelijkbaar met Oost-Afrika (US$24,5 miljard). Het aandeel in de wereld was 0,38%, en 1,1% in Amerika.

Het aandeel van het transport in de economie van de Caraïben was 7,4% in de jaren 2010, en was vergelijkbaar met Rwanda (7,4%), Albanië (7,4%), Ecuador (7,4%).

Het vervoer per hoofd in de Caraïben was $589,0 in de jaren 2010s, en was vergelijkbaar met Djibouti (US$584,1), Zuid-Afrika (US$577,5). Het vervoer per hoofd in de Caraïben was 31,9% lager dan het transport per hoofd van de bevolking in de wereld ($864,8), en was in 4,0 keer lager dan het transport per hoofd van de bevolking in Amerika ($864,8).

De groei van het transport in de Caraïben bedroeg 2.8% in de jaren 2010, en was vergelijkbaar met Nieuw-Caledonië (2,8%), West-Afrika (2,9%). De groei van het transport in de Caraïben (2,8%) was minder dan de groei van het transport in de wereld (4,0%), was minder dan de groei van het transport in Amerika (4,7%).

Vergelijking met subregio's. De toegevoegde waarde van het transport in de Caraïben was 78,2 keer minder dan in Noord-Amerika (US$1,9 biljoen), 11,1 keer minder dan in Zuid-Amerika (US$271,4 miljard) en 4,8 keer minder dan in Centraal-Amerika (US$116,8 miljard). Het vervoer per hoofd in de Caraïben was in de Caraïben9,1 keer minder dan in Noord-Amerika (US$5,4 duizend), 15,4% minder dan in Centraal-Amerika (US$696,3) en 11,0% minder dan in Zuid-Amerika (US$662,0). De groei van het transport in de Caraïben was groter dan in Zuid-Amerika (2,4%); maar minder dan in Noord-Amerika (5,0%) en in Centraal-Amerika (4,5%).

Leiders. Het vervoer van de Caraïben in de jaren 2010 bestond uit: Cuba (30,1%), Dominicaanse Republiek (27,6%), Puerto Rico (14,2%), Trinidad en Tobago (5,8%), Haïti (4,5%), en andere (17,7%). Het aandeel van het transport in economie van de leiders: Haïti (13,9%), Dominicaanse Republiek (10,3%), Cuba (8,8%), Trinidad en Tobago (5,9%) en Puerto Rico (3,4%). De toegevoegde waarde van het transport per hoofd in de Caraïben onder de leiders: Trinidad en Tobago ($1.046,4), Puerto Rico ($1.037,9), Dominicaanse Republiek ($659,7), Cuba ($651,3) en Haïti ($103,2). De groei van het transport onder de leiders: Dominicaanse Republiek (5,6%), Cuba (4,5%), Haïti (2,0%), Trinidad en Tobago (1,3%) en Puerto Rico (-1,9%).

Hoofdstuk VIII. Handel

Groothandel, detailhandel, restaurants en hotels (ISIC G-H)

De sector van de handel in de Caraïben steeg van US$7,5 miljard per jaar in de jaren 1970 tot US$60,3 miljard per jaar in de jaren 2010, dat wil zeggen met US$52,8 miljard of 8,1 keer. De verandering vond plaats op US$40,1 miljard als gevolg van een 3,0-voudige stijging van de prijzen, en ook op US$8,5 miljard als gevolg van een 1,7-voudige toename van de productiviteit , evenals op US$4,2 miljard als gevolg van de toename van de bevolking. De gemiddelde jaarlijkse groei van de handel is 2,6%. De minimumwaarde van de handel bedroeg US$3,9 miljard in 1970. De maximumwaarde van de handel bedroeg US$70,7 miljard in 2019.

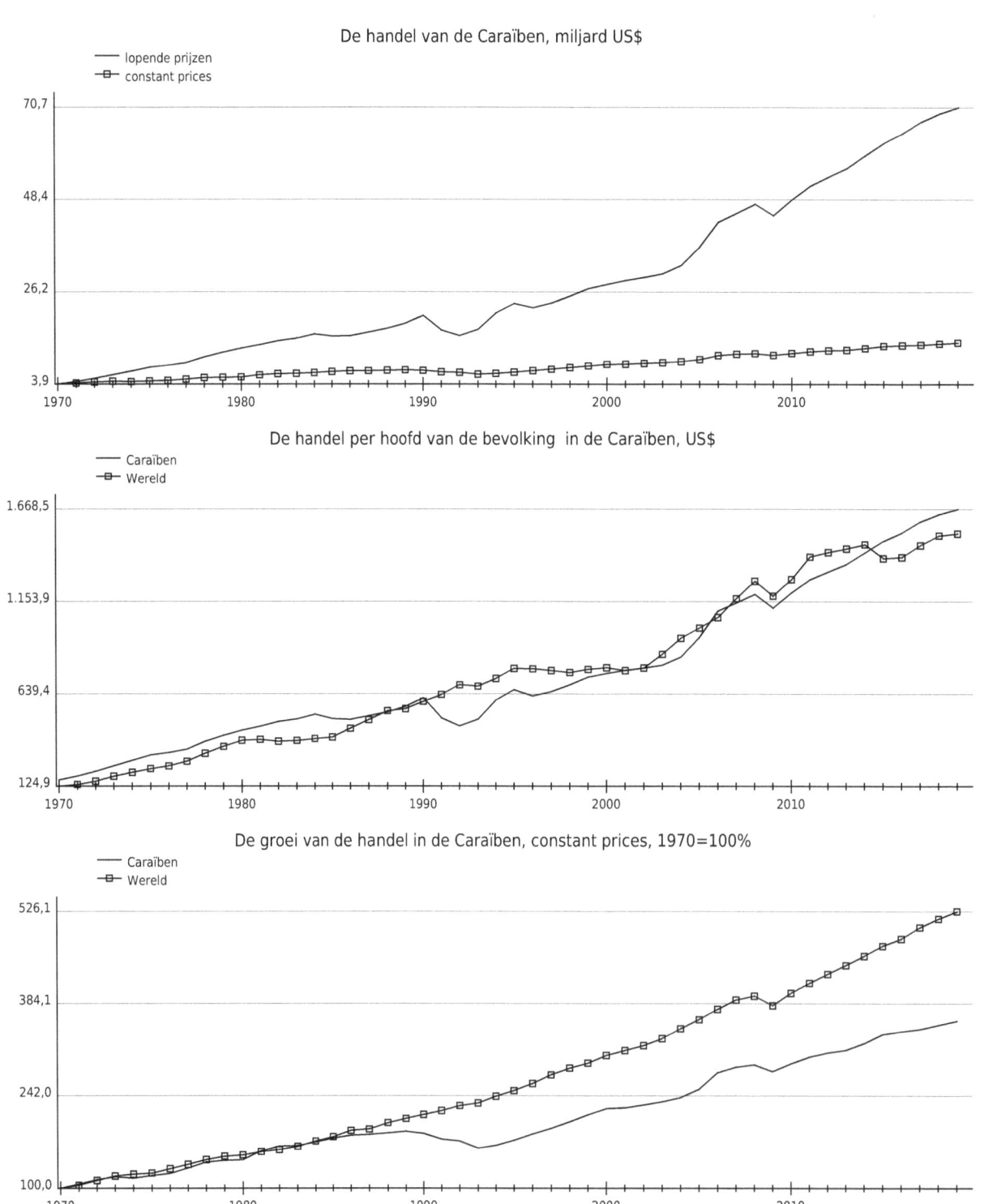

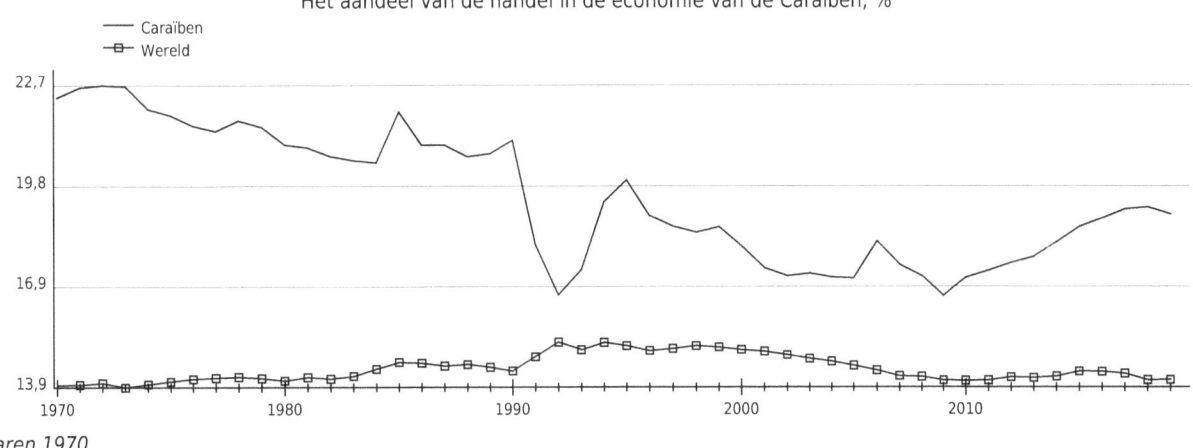

Het aandeel van de handel in de economie van de Caraïben, %

de jaren 1970

De waarde van de handel in de Caraïben bedroeg in de jaren 1970 US$7,5 miljard per jaar, en was vergelijkbaar met Zweden (US$7,5 miljard). Het aandeel in de wereld was 0,84%, en 2,0% in Amerika.

Het aandeel van de handel in de economie van de Caraïben was 21,9% in de jaren 1970, en was vergelijkbaar met de Comoren (21,7%), Belize (21,7%).

De handel per hoofd in de Caraïben was $281,9 in de jaren 1970s, en was vergelijkbaar met Polynesië (US$283,6), Anguilla (US$284,9), Suriname (US$286,2). De waarde van de handel per hoofd in de Caraïben was 27,5% hoger dan de handel per hoofd van de bevolking in de wereld ($221,0), en was in 2,3 keer lager dan de handel per hoofd van de bevolking in Amerika ($221,0).

De groei van de handel in de Caraïben bedroeg 4% in de jaren 1970, en was vergelijkbaar met Noord-Amerika (4,0%). De groei van de handel in de Caraïben (4,0%) was minder dan de groei van de handel in de wereld (4,5%), was minder dan de groei van de handel in Amerika (4,4%).

Vergelijking met subregio's. De waarde van de handel in de Caraïben was minder dan in Noord-Amerika (US$299,9 miljard), in Zuid-Amerika (US$32,0 miljard) en in Centraal-Amerika (US$27,2 miljard). De waarde van de handel per hoofd in de Caraïben was in de Caraïben groter dan in Zuid-Amerika (US$150,3); maar minder dan in Noord-Amerika (US$1.243,5) en in Centraal-Amerika (US$343,7). De groei van de handel in de Caraïben was groter dan in Noord-Amerika (4,0%); maar minder dan in Centraal-Amerika (6,1%) en in Zuid-Amerika (5,6%).

Leiders. De handel van de Caraïben in de jaren 1970 bestond uit: Cuba (49,8%), Puerto Rico (17,4%), Dominicaanse Republiek (9,3%), Jamaica (8,7%), Bahama's (4,1%), en andere (10,5%). Het aandeel van de handel in economie van de leiders: Bahama's (30,1%), Cuba (28,2%), Jamaica (23,0%), Dominicaanse Republiek (16,9%) en Puerto Rico (15,8%). De waarde van de handel per hoofd in de Caraïben onder de leiders: Bahama's ($1.645,9), Puerto Rico ($460,6), Cuba ($399,1), Jamaica ($323,7) en Dominicaanse Republiek ($137,4). De groei van de handel onder de leiders: Dominicaanse Republiek (7,4%), Cuba (5,4%), Puerto Rico (3,2%), Bahama's (2,4%) en Jamaica (-3,4%).

de jaren 1980

De sector van de handel in de Caraïben bedroeg in de jaren 1980 US$15,5 miljard per jaar, en was vergelijkbaar met Zweden (US$15,3 miljard), Turkije (US$15,3 miljard). Het aandeel in de wereld was 0,73%, en 1,8% in Amerika.

Het aandeel van de handel in de economie van de Caraïben was 20,9% in de jaren 1980, en was vergelijkbaar met Peru (20,8%), Kaapverdië (20,9%), Soedan (21,0%).

De sector van de handel per hoofd in de Caraïben was $503,5 in de jaren 1980s. De sector van de handel per hoofd in de Caraïben was 15,0% hoger dan de handel per hoofd van de bevolking in de wereld ($437,7), en was in 2,5 keer lager dan de handel per hoofd van de bevolking in Amerika ($437,7).

De groei van de handel in de Caraïben bedroeg 2.8% in de jaren 1980, en was vergelijkbaar met Australië (2,7%), Andorra (2,8%), Zimbabwe (2,8%). De groei van de handel in de Caraïben (2,8%) was minder dan de groei van de handel in de wereld (3,3%), was minder dan de groei van de handel in Amerika (3,5%).

Vergelijking met subregio's. De toegevoegde waarde van de handel in de Caraïben was minder dan in Noord-Amerika (US$703,6 miljard), in Zuid-Amerika (US$62,6 miljard) en in Centraal-Amerika (US$58,1 miljard). De handel per hoofd in de Caraïben was in de Caraïben groter dan in Zuid-Amerika (US$236,0); maar minder dan in Noord-Amerika (US$2,7 duizend) en in Centraal-Amerika (US$574,5). De groei van de handel in de Caraïben was groter dan in Centraal-Amerika (1,1%) en in Zuid-Amerika (1,0%); maar minder dan in Noord-Amerika (4,3%).

Leiders. De waarde van de handel in de Caraïben in de jaren 1980 bestond uit: Cuba (45,9%), Puerto Rico (18,4%), Dominicaanse Republiek (9,1%), Jamaica (5,9%), Bahama's (5,7%), en andere (15,0%). Het aandeel van de handel in economie van de leiders: Bahama's (30,4%), Cuba (27,6%), Jamaica (24,0%), Dominicaanse Republiek (17,3%) en Puerto Rico (14,1%). De handel per hoofd in de Caraïben onder de leiders: Bahama's ($3.829,9), Puerto Rico ($879,7), Cuba ($702,2), Jamaica ($396,3) en Dominicaanse Republiek ($219,4). De groei van de handel onder de leiders: Bahama's (4,5%), Dominicaanse Republiek (4,4%), Cuba (3,1%), Puerto Rico (2,8%) en Jamaica (1,5%).

de jaren 1990

De waarde van de handel in de Caraïben bedroeg in de jaren 1990 US$21,2 miljard per jaar, en was vergelijkbaar met Polen (US$21,0 miljard). Het aandeel in de wereld was 0,52%, en 1,4% in Amerika.

Het aandeel van de handel in de economie van de Caraïben was 18,7% in de jaren 1990, en was vergelijkbaar met Nepal (18,7%), Grenada (18,8%), Papoea-Nieuw-Guinea (18,6%).

De handel per hoofd in de Caraïben was $607,0 in de jaren 1990s, en was vergelijkbaar met Cuba (US$606,0), Jamaica (US$605,5), Tsjechië (US$615,2). De toegevoegde waarde van de handel per hoofd in de Caraïben was 15,9% lager dan de handel per hoofd van de bevolking in de wereld ($721,8), en was in 3,2 keer lager dan de handel per hoofd van de bevolking in Amerika ($721,8).

De groei van de handel in de Caraïben bedroeg 1.3% in de jaren 1990, en was vergelijkbaar met Griekenland (1,3%). De groei van de handel in de Caraïben (1,3%) was minder dan de groei van de handel in de wereld (3,5%), was minder dan de groei van de handel in Amerika (3,8%).

Vergelijking met subregio's. De sector van de handel in de Caraïben was minder dan in Noord-Amerika (US$1,2 biljoen), in Zuid-Amerika (US$142,2 miljard) en in Centraal-Amerika (US$95,9 miljard). De handel per hoofd in de Caraïben was in de Caraïben groter dan in Zuid-Amerika (US$445,4); maar minder dan in Noord-Amerika (US$4,2 duizend) en in Centraal-Amerika (US$777,6). De groei van de handel in de Caraïben was minder dan in Noord-Amerika (4,2%), in Centraal-Amerika (4,0%) en in Zuid-Amerika (2,1%).

Leiders. De waarde van de handel in de Caraïben in de jaren 1990 bestond uit: Cuba (31,0%), Puerto Rico (25,9%), Dominicaanse Republiek (11,0%), Jamaica (7,2%), Bahama's (6,6%), en andere (18,3%). Het aandeel van de handel in economie van de leiders: Bahama's (26,9%), Jamaica (24,7%), Cuba (24,5%), Dominicaanse Republiek (16,6%) en Puerto Rico (13,0%). De waarde van de handel per hoofd in de Caraïben onder de leiders: Bahama's ($5.085,3), Puerto Rico ($1.551,3), Cuba ($606,0), Jamaica ($605,5) en Dominicaanse Republiek ($302,2). De groei van de handel onder de leiders: Dominicaanse Republiek (6,5%), Puerto Rico (4,9%), Jamaica (2,1%), Bahama's (0,49%) en Cuba (-3,9%).

de jaren 2000

De sector van de handel in de Caraïben bedroeg in de jaren 2000 US$36,7 miljard per jaar, en was vergelijkbaar met Argentinië (US$35,8 miljard). Het aandeel in de wereld was 0,57%, en 1,5% in Amerika.

Het aandeel van de handel in de economie van de Caraïben was 17,3% in de jaren 2000, en was vergelijkbaar met Madagaskar (17,3%), Zuidoost-Azië (17,4%), Laos (17,2%).

De waarde van de handel per hoofd in de Caraïben was $950,2 in de jaren 2000s, en was vergelijkbaar met Saoedi-Arabië (US$940,7), Panama (US$935,2), Turkije (US$968,7). De handel per hoofd in de Caraïben was 4,0% lager dan de handel per hoofd van de bevolking in de wereld ($990,3), en was in 2,9 keer lager dan de handel per hoofd van de bevolking in Amerika ($990,3).

De groei van de handel in de Caraïben bedroeg 2.8% in de jaren 2000. De groei van de handel in de Caraïben (2,8%) was groter dan de groei van de handel in de wereld (2,7%), was groter dan de groei van de handel in Amerika (1,6%).

Vergelijking met subregio's. De waarde van de handel in de Caraïben was minder dan in Noord-Amerika (US$2,0 biljoen), in Zuid-Amerika (US$215,9 miljard) en in Centraal-Amerika (US$174,8 miljard). De handel per hoofd in de Caraïben was in de Caraïben groter dan in Zuid-Amerika (US$585,4); maar minder dan in Noord-Amerika (US$6,2 duizend) en in Centraal-Amerika (US$1.205,2). De groei van de handel in de Caraïben was groter dan in Centraal-Amerika (1,5%) en in Noord-Amerika (1,2%); maar minder dan in Zuid-Amerika (3,7%).

Leiders. De sector van de handel in de Caraïben in de jaren 2000 bestond uit: Cuba (30,4%), Puerto Rico (23,5%), Dominicaanse Republiek (14,9%), Bahama's (6,4%), Jamaica (6,2%), en andere (18,6%). Het aandeel van de handel in economie van de leiders: Bahama's (26,6%), Cuba (25,2%), Jamaica (22,8%), Dominicaanse Republiek (17,9%) en Puerto Rico (10,7%). De toegevoegde waarde van de handel per hoofd in de Caraïben onder de leiders: Bahama's ($7.237,6), Puerto Rico ($2.368,1), Cuba ($992,8), Jamaica ($838,2) en Dominicaanse Republiek ($607,0). De groei van de handel onder de leiders: Cuba (4,7%), Dominicaanse Republiek (3,2%), Bahama's (2,1%), Puerto Rico (1,6%) en Jamaica (1,1%).

de jaren 2010

De waarde van de handel in de Caraïben bedroeg in de jaren 2010 US$60,3 miljard per jaar, en was vergelijkbaar met Zweden (US$60,1 miljard), Singapore (US$60,8 miljard). Het aandeel in de wereld was 0,57%, en 1,6% in Amerika.

Het aandeel van de handel in de economie van de Caraïben was 18,3% in de jaren 2010, en was vergelijkbaar met Nigeria (18,3%), Bosnië en Herzegovina (18,4%), Georgië (18,4%).

De toegevoegde waarde van de handel per hoofd in de Caraïben was $1.454,7 in de jaren 2010s, en was vergelijkbaar met Oost-Azië (US$1.455,8), de Wereld (US$1.436,8), Hongarije (US$1.435,0). De toegevoegde waarde van de handel per hoofd in de Caraïben was 1,2% hoger dan de handel per hoofd van de bevolking in de wereld (US$1.436,8), en was in 2,6 keer lager dan de handel per hoofd van de bevolking in Amerika ($1.436,8).

De groei van de handel in de Caraïben bedroeg 2.5% in de jaren 2010. De groei van de handel in de Caraïben (2,5%) was minder dan de groei van de handel in de wereld (3,3%), was groter dan de groei van de handel in Amerika (2,1%).

Vergelijking met subregio's. De handel van de Caraïben was 46,7 keer minder dan in Noord-Amerika (US$2,8 biljoen), 9,1 keer minder dan in Zuid-Amerika (US$551,2 miljard) en 4,6 keer minder dan in Centraal-Amerika (US$278,2 miljard). De toegevoegde waarde van de handel per hoofd in de Caraïben was in de Caraïben8,2% groter dan in Zuid-Amerika (US$1.344,6); maar 5,4 keer minder dan in Noord-Amerika (US$7,9 duizend) en 12,3% minder dan in Centraal-Amerika (US$1.658,8). De groei van de handel in de Caraïben was groter dan in Noord-Amerika (2,3%) en in Zuid-Amerika (0,019%); maar minder dan in Centraal-Amerika (4,1%).

Leiders. De waarde van de handel in de Caraïben in de jaren 2010 bestond uit: Cuba (33,8%), Dominicaanse Republiek (20,6%), Puerto Rico (16,3%), Trinidad en Tobago (9,1%), Jamaica (4,8%), en andere (15,4%). Het aandeel van de handel in economie van de leiders: Cuba (24,4%), Jamaica (22,7%), Trinidad en Tobago (22,7%), Dominicaanse Republiek (19,0%) en Puerto Rico (9,6%). De sector van de handel per hoofd in de Caraïben onder de leiders: Trinidad en Tobago ($4.003,1), Puerto Rico ($2.939,4), Cuba ($1.804,1), Dominicaanse Republiek ($1.216,0) en Jamaica ($1.005,8). De groei van de handel onder de leiders: Dominicaanse Republiek (5,3%), Cuba (3,4%), Trinidad en Tobago (1,6%), Jamaica (0,53%) en Puerto Rico (-0,44%).

Hoofdstuk IX. Diensten

(ISIC J-P)

De sector van de diensten in de Caraïben steeg van US$10,5 miljard per jaar in de jaren 1970 tot US$121,5 miljard per jaar in de jaren 2010, dat wil zeggen met US$111,0 miljard of 11,6 keer. De verandering vond plaats op US$83,2 miljard als gevolg van een 3,2-voudige stijging van de prijzen, en ook op US$21,9 miljard als gevolg van een 2,3-voudige toename van de productiviteit , evenals op US$5,9 miljard als gevolg van de toename van de bevolking. De gemiddelde jaarlijkse groei van de diensten is 3,3%. De minimumwaarde van de diensten bedroeg US$5,4 miljard in 1970. De maximumwaarde van de diensten bedroeg US$136,9 miljard in 2019.

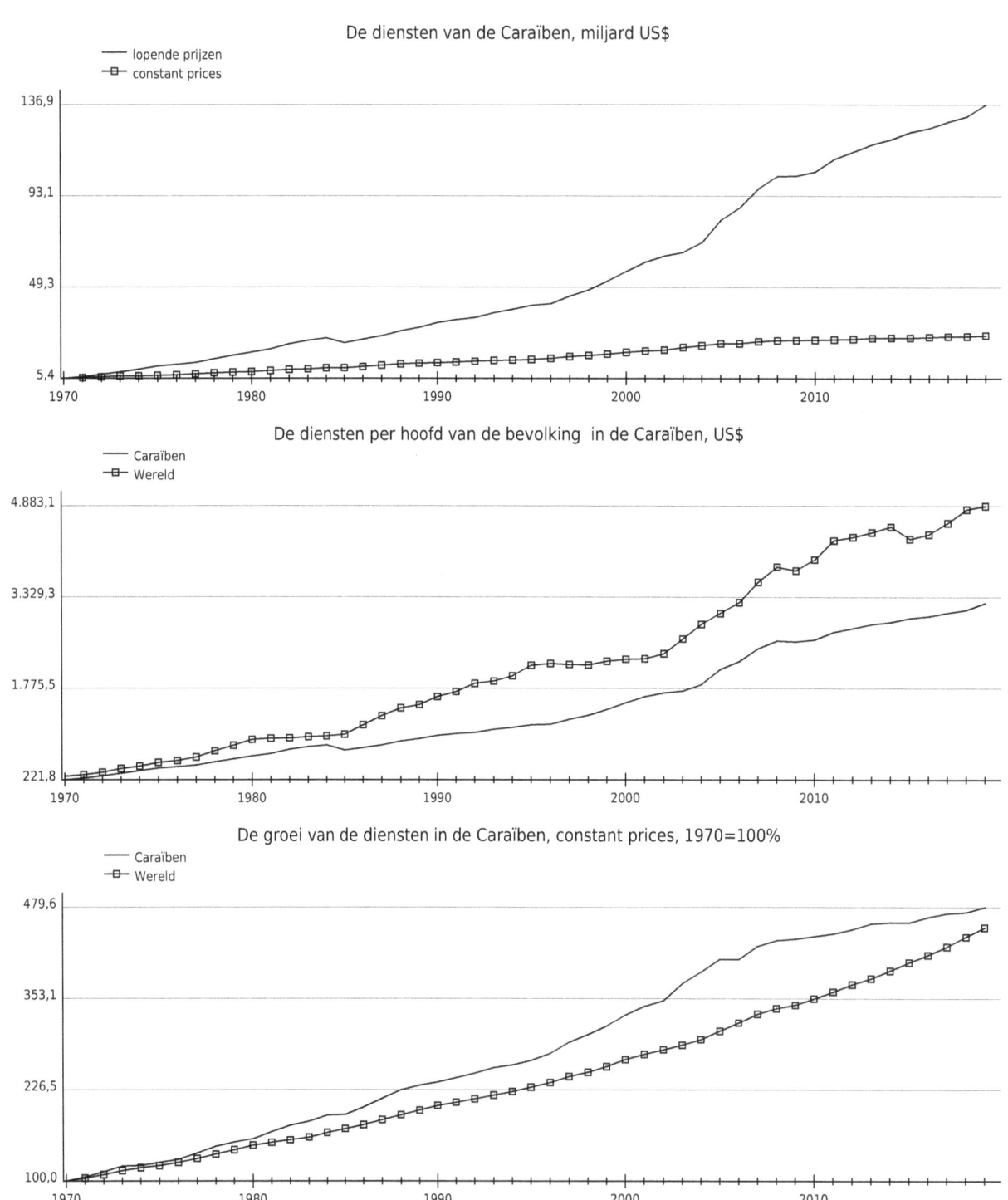

De diensten van de Caraïben, miljard US$

De diensten per hoofd van de bevolking in de Caraïben, US$

De groei van de diensten in de Caraïben, constant prices, 1970=100%

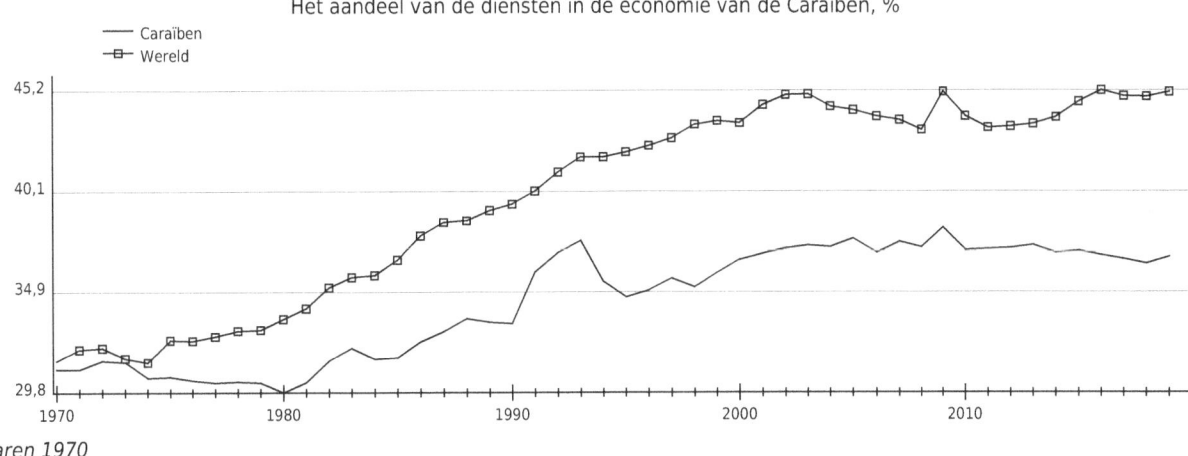

Het aandeel van de diensten in de economie van de Caraïben, %

de jaren 1970

De diensten van de Caraïben bedroegen in de jaren 1970 US$10,5 miljard per jaar. Het aandeel in de wereld was 0,51%, en 1,2% in Amerika.

Het aandeel van de diensten in de economie van de Caraïben was 30,7% in de jaren 1970, en was vergelijkbaar met Nieuw-Zeeland (30,7%), Gabon (30,6%), Namibië (30,6%).

De diensten per hoofd in de Caraïben waren $395,0 in de jaren 1970s, en waren vergelijkbaar met Uruguay (US$389,2), Antigua en Barbuda (US$405,0). De diensten per hoofd in de Caraïben waren 22,1% lager dan de diensten per hoofd van de bevolking in de wereld ($506,9), en waren in 3,8 keer lager dan de diensten per hoofd van de bevolking in Amerika ($506,9).

De groei van de diensten in de Caraïben bedroeg 4.9% in de jaren 1970, en was vergelijkbaar met Tsjecho-Slowakije (4,9%). De groei van de diensten in de Caraïben (4,9%) was groter dan de groei van de diensten in de wereld (4,1%), was groter dan de groei van de diensten in Amerika (3,7%).

Vergelijking met subregio's. De sector van de diensten in de Caraïben was minder dan in Noord-Amerika (US$731,9 miljard), in Zuid-Amerika (US$69,7 miljard) en in Centraal-Amerika (US$29,3 miljard). De waarde van de diensten per hoofd in de Caraïben was in de Caraïben groter dan in Centraal-Amerika (US$370,1) en in Zuid-Amerika (US$327,0); maar minder dan in Noord-Amerika (US$3,0 duizend). De groei van de diensten in de Caraïben was groter dan in Noord-Amerika (3,3%); maar minder dan in Zuid-Amerika (6,7%) en in Centraal-Amerika (5,5%).

Leiders. De sector van de diensten in de Caraïben in de jaren 1970 bestond uit: Cuba (39,5%), Puerto Rico (27,5%), Jamaica (9,0%), Dominicaanse Republiek (7,3%), Trinidad en Tobago (4,6%), en andere (12,0%). Het aandeel van de diensten in economie van de leiders: Puerto Rico (35,0%), Jamaica (33,3%), Cuba (31,3%), Trinidad en Tobago (20,9%) en Dominicaanse Republiek (18,4%). De sector van de diensten per hoofd in de Caraïben onder de leiders: Puerto Rico ($1.018,9), Trinidad en Tobago ($483,7), Jamaica ($469,7), Cuba ($443,7) en Dominicaanse Republiek ($149,4). De groei van de diensten onder de leiders: Trinidad en Tobago (7,5%), Dominicaanse Republiek (7,4%), Cuba (5,5%), Puerto Rico (3,9%) en Jamaica (3,1%).

de jaren 1980

De waarde van de diensten in de Caraïben bedroeg in de jaren 1980 US$23,8 miljard per jaar, en was vergelijkbaar met Zuidelijk Afrika (US$23,9 miljard), Noorwegen (US$24,1 miljard). Het aandeel in de wereld was 0,44%, en 1,0% in Amerika.

Het aandeel van de diensten in de economie van de Caraïben was 32,1% in de jaren 1980, en was vergelijkbaar met Spanje (32,2%), IJsland (31,8%), Iran (32,3%).

De toegevoegde waarde van de diensten per hoofd in de Caraïben was $773,8 in de jaren 1980s, en was vergelijkbaar met Chili (US$766,6), Oost-Europa (US$759,1). De sector van de diensten per hoofd in de Caraïben was 30,6% lager dan de diensten per hoofd van de bevolking in de wereld (US$1.115,5), en was in 4,5 keer lager dan de diensten per hoofd van de bevolking in Amerika (US$1.115,5).

De groei van de diensten in de Caraïben bedroeg 4.2% in de jaren 1980, en was vergelijkbaar met Nepal (4,2%), Ecuador (4,3%). De groei van de diensten in de Caraïben (4,2%) was groter dan de groei van de diensten in de wereld (3,3%), was groter dan de groei van de diensten in Amerika (2,8%).

Vergelijking met subregio's. De toegevoegde waarde van de diensten in de Caraïben was minder dan in Noord-Amerika (US$2,0 biljoen), in Zuid-Amerika (US$179,0 miljard) en in Centraal-Amerika (US$59,8 miljard). De waarde van de diensten per hoofd in de Caraïben was in de Caraïben groter dan in Zuid-Amerika (US$675,3) en in Centraal-Amerika (US$591,5); maar minder dan in Noord-Amerika (US$7,6 duizend). De groei van de diensten in de Caraïben was groter dan in Centraal-Amerika (2,9%), in Zuid-Amerika (2,9%) en in Noord-Amerika (2,8%).

Leiders. De sector van de diensten in de Caraïben in de jaren 1980 bestond uit: Cuba (34,2%), Puerto Rico (28,8%), Trinidad en Tobago (8,0%), Dominicaanse Republiek (7,3%), Bahama's (5,8%), en andere (15,9%). Het aandeel van de diensten in economie van de leiders: Bahama's (47,6%), Puerto Rico (33,9%), Cuba (31,7%), Trinidad en Tobago (29,2%) en Dominicaanse Republiek (21,3%). De waarde van de diensten per hoofd in de Caraïben onder de leiders: Bahama's ($6.006,6), Puerto Rico ($2.114,2), Trinidad en Tobago ($1.643,4), Cuba ($805,0) en Dominicaanse Republiek ($270,3). De groei van de diensten onder de leiders: Puerto Rico (5,4%), Cuba (4,6%), Dominicaanse Republiek (4,5%), Bahama's (3,4%) en Trinidad en Tobago (-1,4%).

de jaren 1990

De waarde van de diensten in de Caraïben bedroeg in de jaren 1990 US$40,4 miljard per jaar, en was vergelijkbaar met Israël (US$40,4 miljard). Het aandeel in de wereld was 0,35%, en 0,85% in Amerika.

Het aandeel van de diensten in de economie van de Caraïben was 35,5% in de jaren 1990, en was vergelijkbaar met Oost-Azië (35,3%).

De toegevoegde waarde van de diensten per hoofd in de Caraïben was $1.152,6 in de jaren 1990s, en was vergelijkbaar met Slowakije (US$1.163,6), Zuidwest-Azië (US$1.163,8), Kroatië (US$1.132,2). De waarde van de diensten per hoofd in de Caraïben was 42,8% lager dan de diensten per hoofd van de bevolking in de wereld ($2.014,6), en was in 5,4 keer lager dan de diensten per hoofd van de bevolking in Amerika ($2.014,6).

De groei van de diensten in de Caraïben bedroeg 3.1% in de jaren 1990, en was vergelijkbaar met de Bahama's (3,1%), Namibië (3,1%), de Nederland (3,1%). De groei van de diensten in de Caraïben (3,1%) was groter dan de groei van de diensten in de wereld (2,7%), was groter dan de groei van de diensten in Amerika (2,4%).

Vergelijking met subregio's. De sector van de diensten in de Caraïben was minder dan in Noord-Amerika (US$4,1 biljoen), in Zuid-Amerika (US$501,8 miljard) en in Centraal-Amerika (US$155,0 miljard). De waarde van de diensten per hoofd in de Caraïben was in de Caraïben minder dan in Noord-Amerika (US$13,8 duizend), in Zuid-Amerika (US$1.571,0) en in Centraal-Amerika (US$1.256,5). De groei van de diensten in de Caraïben was groter dan in Zuid-Amerika (2,5%) en in Noord-Amerika (2,3%); maar minder dan in Centraal-Amerika (3,2%).

Leiders. De sector van de diensten in de Caraïben in de jaren 1990 bestond uit: Puerto Rico (36,5%), Cuba (23,9%), Dominicaanse Republiek (10,4%), Bahama's (6,8%), Jamaica (4,6%), en andere (17,8%). Het aandeel van de diensten in economie van de leiders: Bahama's (52,7%), Cuba (35,9%), Puerto Rico (34,8%), Jamaica (29,9%) en Dominicaanse Republiek (29,8%). De sector van de diensten per hoofd in de Caraïben onder de leiders: Bahama's ($9.976,6), Puerto Rico ($4.155,3), Cuba ($889,2), Jamaica ($733,2) en Dominicaanse Republiek ($541,8). De groei van de diensten onder de leiders: Puerto Rico (4,0%), Dominicaanse Republiek (3,3%), Jamaica (3,2%), Bahama's (3,1%) en Cuba (0,48%).

de jaren 2000

De waarde van de diensten in de Caraïben bedroeg in de jaren 2000 US$79,0 miljard per jaar, en was vergelijkbaar met Argentinië (US$78,8 miljard). Het aandeel in de wereld was 0,40%, en 0,96% in Amerika.

Het aandeel van de diensten in de economie van de Caraïben was 37,3% in de jaren 2000, en was vergelijkbaar met Antigua en Barbuda (37,4%), Puerto Rico (37,4%), Servië (37,4%).

De waarde van de diensten per hoofd in de Caraïben was $2.046,8 in de jaren 2000s, en was vergelijkbaar met Oost-Azië (US$2,0 duizend), Argentinië (US$2,0 duizend), Panama (US$2,0 duizend). De toegevoegde waarde van de diensten per hoofd in de Caraïben was 32,0% lager dan de diensten per hoofd van de bevolking in de wereld ($3.011,2), en was in 4,6 keer lager dan de diensten per hoofd van de bevolking in Amerika ($3.011,2).

De groei van de diensten in de Caraïben bedroeg 3.3% in de jaren 2000. De groei van de diensten in de Caraïben (3,3%) was groter dan de groei van de diensten in de wereld (2,9%), was groter dan de groei van de diensten in Amerika (2,2%).

Vergelijking met subregio's. De toegevoegde waarde van de diensten in de Caraïben was minder dan in Noord-Amerika (US$7,2 biljoen), in Zuid-Amerika (US$647,3 miljard) en in Centraal-Amerika (US$318,2 miljard). De sector van de diensten per hoofd in de Caraïben was in de Caraïben groter dan in Zuid-Amerika (US$1.754,7); maar minder dan in Noord-Amerika (US$22,1 duizend) en in Centraal-Amerika (US$2,2 duizend). De groei van de diensten in de Caraïben was groter dan in Zuid-Amerika (3,0%), in Centraal-Amerika (2,7%) en in Noord-Amerika (2,1%).

Leiders. De sector van de diensten in de Caraïben in de jaren 2000 bestond uit: Puerto Rico (38,2%), Cuba (21,5%), Dominicaanse Republiek (12,6%), Bahama's (5,9%), Jamaica (4,8%), en andere (17,0%). Het aandeel van de diensten in economie van de leiders: Bahama's (53,2%), Cuba (38,4%), Jamaica (37,5%), Puerto Rico (37,4%) en Dominicaanse Republiek (32,6%). De sector van de diensten per hoofd in de Caraïben onder de leiders: Bahama's ($14.439,8), Puerto Rico ($8.293,4), Cuba ($1.512,0), Jamaica ($1.376,4) en Dominicaanse Republiek ($1.106,0). De groei van de diensten onder de leiders: Cuba (8,1%), Dominicaanse Republiek (4,1%), Jamaica (1,7%), Puerto Rico (1,4%) en Bahama's (-0,063%).

de jaren 2010

De sector van de diensten in de Caraïben bedroeg in de jaren 2010 US$121,5 miljard per jaar. Het aandeel in de wereld was 0,37%, en 0,95% in Amerika.

Het aandeel van de diensten in de economie van de Caraïben was 36,9% in de jaren 2010, en was vergelijkbaar met Rusland (37,0%), Melanesië (36,8%).

De sector van de diensten per hoofd in de Caraïben was $2.931,8 in de jaren 2010s, en was vergelijkbaar met Kazachstan (US$2,9 duizend), Cuba (US$2,9 duizend). De toegevoegde waarde van de diensten per hoofd in de Caraïben was 34,4% lager dan de diensten per hoofd van de bevolking in de wereld ($4.467,8), en was in 4,5 keer lager dan de diensten per hoofd van de bevolking in Amerika ($4.467,8).

De groei van de diensten in de Caraïben bedroeg 1% in de jaren 2010, en was vergelijkbaar met Japan (0,99%). De groei van de diensten in de Caraïben (0,98%) was minder dan de groei van de diensten in de wereld (2,7%), was minder dan de groei van de diensten in Amerika (1,8%).

Vergelijking met subregio's. De diensten van de Caraïben waren 88,7 keer minder dan in Noord-Amerika (US$10,8 biljoen), 12,2 keer minder dan in Zuid-Amerika (US$1,5 biljoen) en 3,8 keer minder dan in Centraal-Amerika (US$462,8 miljard). De diensten per hoofd in de Caraïben waren in de Caraïben6,3% groter dan in Centraal-Amerika (US$2,8 duizend); maar 10,3 keer minder dan in Noord-Amerika (US$30,3 duizend) en 19,2% minder dan in Zuid-Amerika (US$3,6 duizend). De groei van de diensten in de Caraïben was minder dan in Centraal-Amerika (2,9%), in Zuid-Amerika (1,9%) en in Noord-Amerika (1,8%).

Leiders. De diensten van de Caraïben in de jaren 2010 bestonden uit: Puerto Rico (30,0%), Cuba (27,1%), Dominicaanse Republiek (18,4%), Trinidad en Tobago (4,9%), Bahama's (4,5%), en andere (15,0%). Het aandeel van de diensten in economie van de leiders: Bahama's (53,1%), Cuba (39,4%), Puerto Rico (35,8%), Dominicaanse Republiek (34,2%) en Trinidad en Tobago (24,6%). De toegevoegde waarde van de diensten per hoofd in de Caraïben onder de leiders: Bahama's ($14.801,7), Puerto Rico ($10.910,4), Trinidad en Tobago ($4.343,4), Cuba ($2.916,0) en Dominicaanse Republiek ($2.190,1). De groei van de diensten onder de leiders: Dominicaanse Republiek (5,0%), Trinidad en Tobago (2,1%), Cuba (1,5%), Bahama's (1,3%) en Puerto Rico (-1,9%).

Part III. Externe betrekkingen

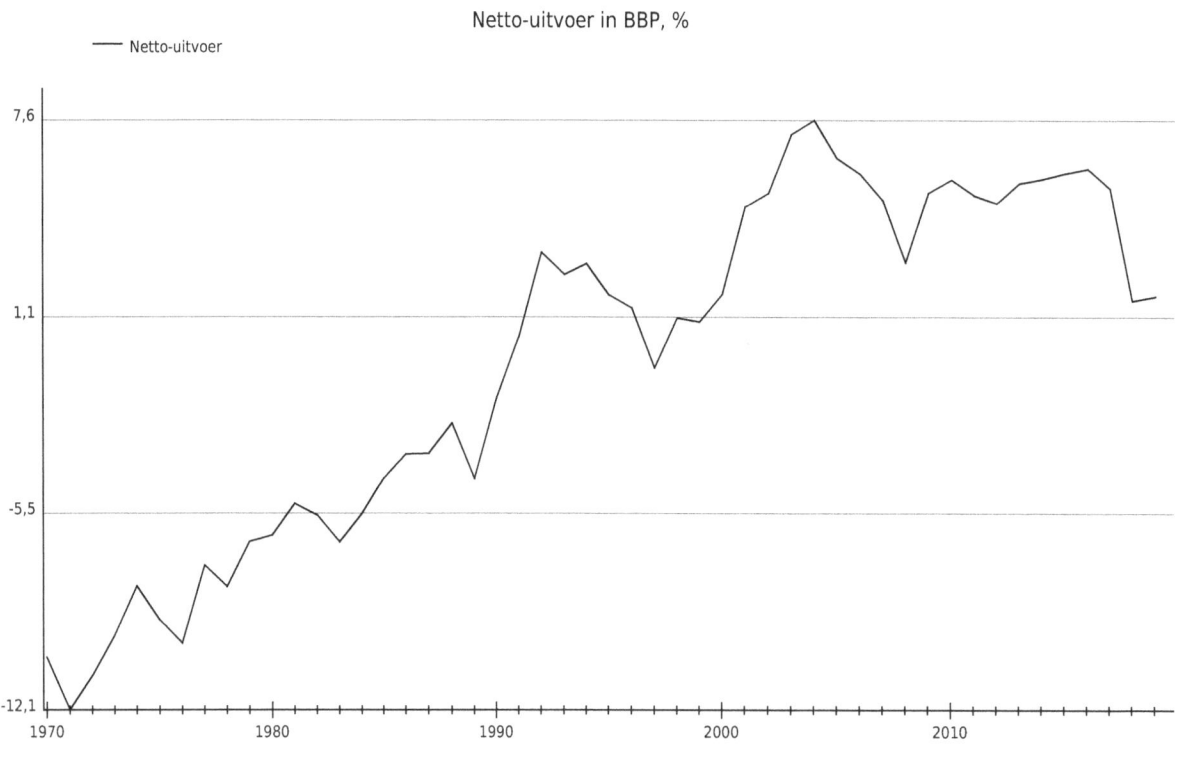

Netto-uitvoer in BBP, %

Hoofdstuk X. Uitvoer

Uitvoer van goederen en diensten

De waarde van de export in de Caraïben steeg van US$13,9 miljard per jaar in de jaren 1970 tot US$147,9 miljard per jaar in de jaren 2010, dat wil zeggen met US$133,9 miljard of 10,6 keer. De verandering vond plaats op US$100,2 miljard als gevolg van een 3,1-voudige stijging van de prijzen, en ook op US$25,8 miljard als gevolg van een 2,2-voudige toename van het tarief per hoofd , evenals op US$7,9 miljard als gevolg van de toename van de bevolking. De gemiddelde jaarlijkse groei van de export is 2,9%. De minimumwaarde van de export bedroeg US$6,7 miljard in 1970. De maximumwaarde van de export bedroeg US$152,4 miljard in 2013.

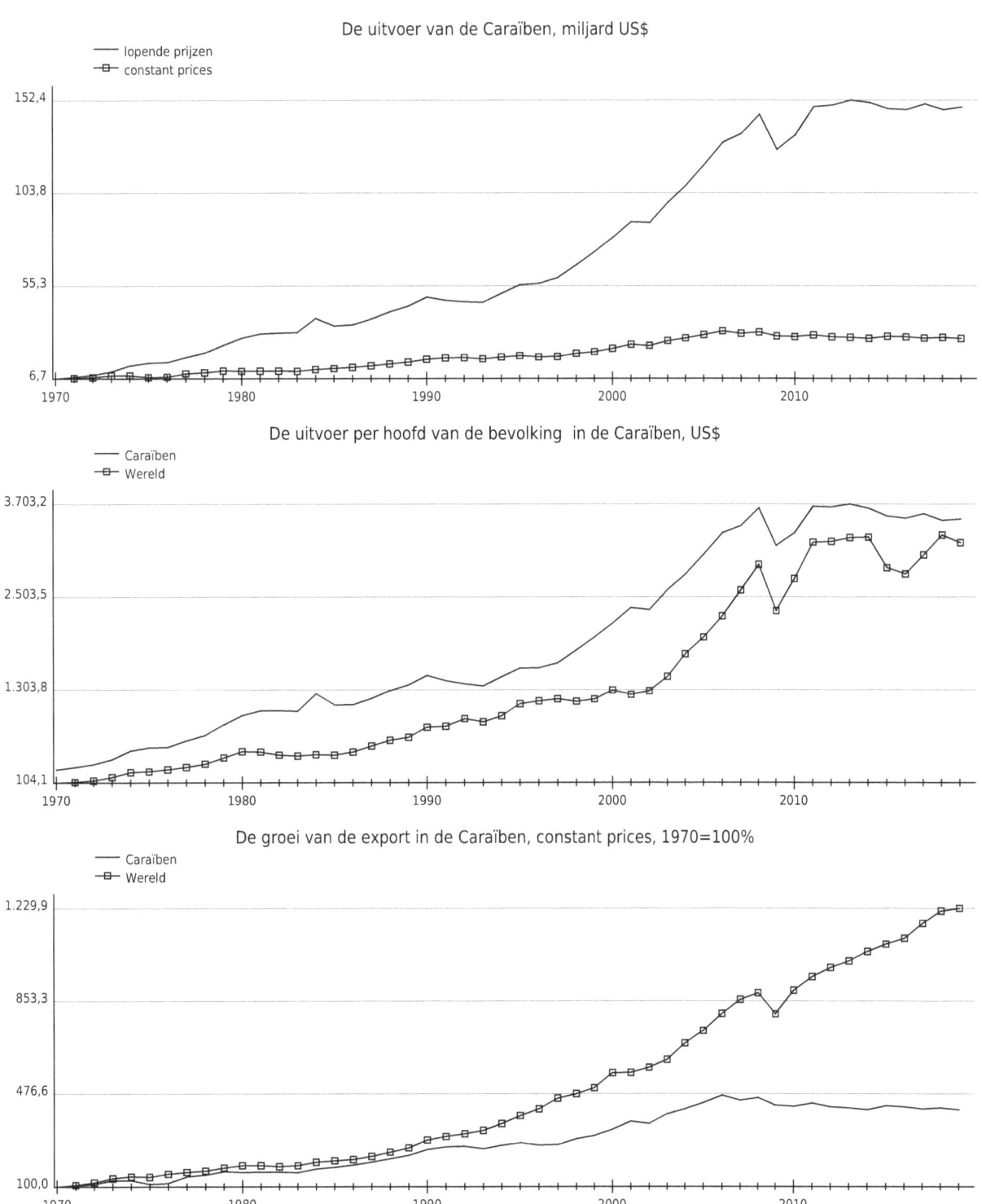

De uitvoer van de Caraïben, miljard US$

De uitvoer per hoofd van de bevolking in de Caraïben, US$

De groei van de export in de Caraïben, constant prices, 1970=100%

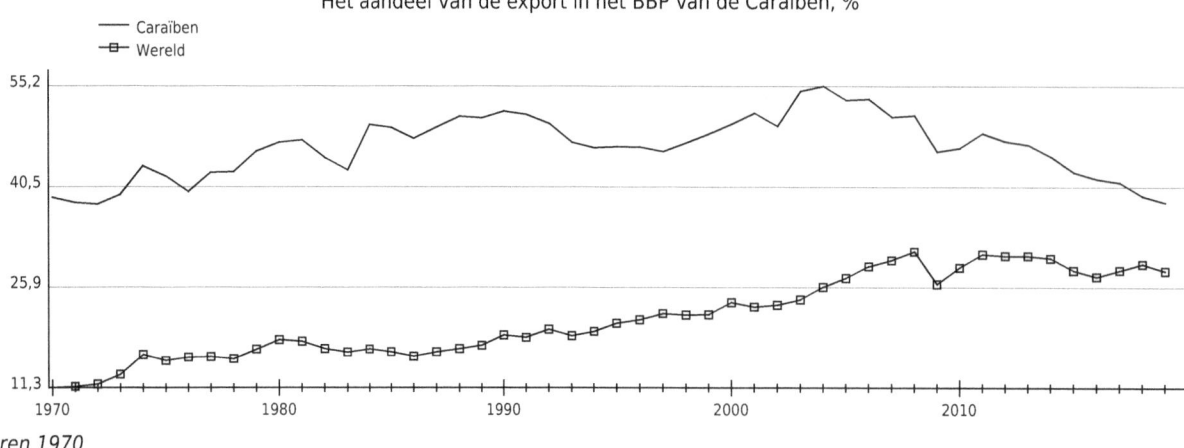

Het aandeel van de export in het BBP van de Caraïben, %

de jaren 1970

De waarde van de export in de Caraïben bedroeg in de jaren 1970 US$13,9 miljard per jaar, en was vergelijkbaar met Spanje (US$14,1 miljard), Australië (US$13,8 miljard). Het aandeel in de wereld was 1,4%, en 6,3% in Amerika.

Het aandeel van de export in het BBP van de Caraïben was 41,8% in de jaren 1970.

De uitvoer per hoofd in de Caraïben was $526,2 in de jaren 1970s, en was vergelijkbaar met Swaziland (US$531,2), Zuid-Europa (US$533,0). De waarde van de export per hoofd in de Caraïben was in 2,2 keer hoger dan de export per hoofd van de bevolking in de wereld ($242,1), en was 32,5% hoger dan de export per hoofd van de bevolking in Amerika ($242,1).

De groei van de export in de Caraïben bedroeg 5.4% in de jaren 1970, en was vergelijkbaar met Cuba (5,4%). De groei van de export in de Caraïben (5,4%) was minder dan de groei van de export in de wereld (6,5%), was minder dan de groei van de export in Amerika (6,4%).

Vergelijking met subregio's. De uitvoer van de Caraïben was groter dan in Centraal-Amerika (US$12,3 miljard); maar minder dan in Noord-Amerika (US$166,6 miljard) en in Zuid-Amerika (US$29,6 miljard). De uitvoer per hoofd in de Caraïben was in de Caraïben groter dan in Centraal-Amerika (US$155,3) en in Zuid-Amerika (US$138,8); maar minder dan in Noord-Amerika (US$690,7). De groei van de export in de Caraïben was minder dan in Zuid-Amerika (7,7%), in Centraal-Amerika (7,4%) en in Noord-Amerika (6,1%).

Leiders. De waarde van de export in de Caraïben in de jaren 1970 bestond uit: Puerto Rico (32,0%), Cuba (28,2%), Dominicaanse Republiek (10,0%), Trinidad en Tobago (8,4%), Jamaica (6,1%), en andere (15,2%). Het aandeel van de export in BBP van de leiders: Puerto Rico (53,3%), Trinidad en Tobago (52,2%), Dominicaanse Republiek (34,0%), Cuba (32,6%) en Jamaica (29,5%). De waarde van de export per hoofd in de Caraïben onder de leiders: Puerto Rico ($1.580,0), Trinidad en Tobago ($1.166,3), Jamaica ($423,6), Cuba ($421,7) en Dominicaanse Republiek ($274,8). De groei van de export onder de leiders: Dominicaanse Republiek (11,3%), Puerto Rico (6,0%), Cuba (5,4%), Trinidad en Tobago (1,1%) en Jamaica (0,61%).

de jaren 1980

De uitvoer van de Caraïben bedroeg in de jaren 1980 US$35,2 miljard per jaar, en was vergelijkbaar met Mexico (US$34,5 miljard). Het aandeel in de wereld was 1,4%, en 6,0% in Amerika.

Het aandeel van de export in het BBP van de Caraïben was 48,0% in de jaren 1980, en was vergelijkbaar met Fiji (47,8%), Vanuatu (47,8%), Bermuda (48,5%).

De uitvoer per hoofd in de Caraïben was $1.144,0 in de jaren 1980s, en was vergelijkbaar met Spanje (US$1.148,2), Maleisië (US$1.153,9). De uitvoer per hoofd in de Caraïben was in 2,2 keer hoger dan de export per hoofd van de bevolking in de wereld ($529,9), en was 28,4% hoger dan de export per hoofd van de bevolking in Amerika ($529,9).

De groei van de export in de Caraïben bedroeg 3.5% in de jaren 1980, en was vergelijkbaar met Gabon (3,5%), West-Afrika (3,5%). De groei van de export in de Caraïben (3,5%) was minder dan de groei van de export in de wereld (3,8%), was minder dan de groei van de export in Amerika (5,1%).

Vergelijking met subregio's. De uitvoer van de Caraïben was minder dan in Noord-Amerika (US$440,8 miljard), in Zuid-Amerika (US$70,1 miljard) en in Centraal-Amerika (US$43,9 miljard). De waarde van de export per hoofd in de Caraïben was in de Caraïben groter dan in Centraal-Amerika (US$434,1) en in Zuid-Amerika (US$264,4); maar minder dan in Noord-Amerika (US$1.661,7). De groei van de export in de Caraïben was minder dan in Noord-Amerika (5,5%), in Centraal-Amerika (5,4%) en in Zuid-Amerika (4,2%).

Leiders. De uitvoer van de Caraïben in de jaren 1980 bestond uit: Puerto Rico (40,5%), Cuba (21,5%), Dominicaanse Republiek (9,8%), Trinidad en Tobago (7,1%), Bahama's (6,4%), en andere (14,7%). Het aandeel van de export in BBP van de leiders: Bahama's (69,6%), Puerto Rico (68,8%), Dominicaanse Republiek (40,8%), Trinidad en Tobago (39,9%) en Cuba (32,4%). De waarde van de export per hoofd in de Caraïben onder de leiders: Bahama's ($9.732,5), Puerto Rico ($4.393,5), Trinidad en Tobago ($2.169,0), Cuba ($749,6) en Dominicaanse Republiek ($536,5). De groei van de export onder de leiders: Puerto Rico (4,3%), Cuba (3,2%), Trinidad en Tobago (1,9%), Dominicaanse Republiek (1,3%) en Bahama's (0,64%).

de jaren 1990

De waarde van de export in de Caraïben bedroeg in de jaren 1990 US$55,3 miljard per jaar, en was vergelijkbaar met Thailand (US$56,1 miljard), Noorwegen (US$54,3 miljard). Het aandeel in de wereld was 0,94%, en 4,3% in Amerika.

Het aandeel van de export in het BBP van de Caraïben was 47,7% in de jaren 1990, en was vergelijkbaar met Brunei (47,6%), Guyana (47,9%), Groenland (47,5%).

De uitvoer per hoofd in de Caraïben was $1.579,7 in de jaren 1990s, en was vergelijkbaar met Hongarije (US$1.583,8), Botswana (US$1.601,8), Slowakije (US$1.611,8). De waarde van de export per hoofd in de Caraïben was 53,4% hoger dan de export per hoofd van de bevolking in de wereld ($1.029,5), en was 5,0% lager dan de export per hoofd van de bevolking in Amerika ($1.029,5).

De groei van de export in de Caraïben bedroeg 3.1% in de jaren 1990, en was vergelijkbaar met Saint Kitts en Nevis (3,1%), Zwitserland (3,1%). De groei van de export in de Caraïben (3,1%) was minder dan de groei van de export in de wereld (6,9%), was minder dan de groei van de export in Amerika (7,3%).

Vergelijking met subregio's. De waarde van de export in de Caraïben was minder dan in Noord-Amerika (US$980,7 miljard), in Zuid-Amerika (US$138,4 miljard) en in Centraal-Amerika (US$108,0 miljard). De uitvoer per hoofd in de Caraïben was in de Caraïben groter dan in Centraal-Amerika (US$875,3) en in Zuid-Amerika (US$433,3); maar minder dan in Noord-Amerika (US$3,3 duizend). De groei van de export in de Caraïben was minder dan in Centraal-Amerika (10,9%), in Noord-Amerika (7,4%) en in Zuid-Amerika (6,4%).

Leiders. De waarde van de export in de Caraïben in de jaren 1990 bestond uit: Puerto Rico (54,2%), Dominicaanse Republiek (10,0%), Cuba (7,9%), Jamaica (5,3%), Trinidad en Tobago (4,8%), en andere (17,8%). Het aandeel van de export in BBP van de leiders: Puerto Rico (70,0%), Trinidad en Tobago (48,5%), Jamaica (44,7%), Dominicaanse Republiek (36,0%) en Cuba (16,8%). De uitvoer per hoofd in de Caraïben onder de leiders: Puerto Rico ($8.456,3), Trinidad en Tobago ($2.146,4), Jamaica ($1.153,1), Dominicaanse Republiek ($711,4) en Cuba ($404,7). De groei van de export onder de leiders: Dominicaanse Republiek (8,1%), Trinidad en Tobago (4,0%), Puerto Rico (2,5%), Jamaica (1,8%) en Cuba (0,56%).

de jaren 2000

De uitvoer van de Caraïben bedroeg in de jaren 2000 US$111,9 miljard per jaar. Het aandeel in de wereld was 0,89%, en 4,6% in Amerika.

Het aandeel van de export in het BBP van de Caraïben was 51,2% in de jaren 2000, en was vergelijkbaar met Bermuda (51,2%), Guyana (51,1%).

De uitvoer per hoofd in de Caraïben was $2.898,9 in de jaren 2000s, en was vergelijkbaar met Chili (US$2,9 duizend). De waarde van de export per hoofd was 49,9% hoger dan de export per hoofd van de bevolking in de wereld ($1.933,7), en was 4,2% hoger dan de export per hoofd van de bevolking in Amerika ($1.933,7).

De groei van de export in de Caraïben bedroeg 3.4% in de jaren 2000, en was vergelijkbaar met Tunesië (3,4%), Zweden (3,4%), de Nederland (3,4%). De groei van de export in de Caraïben (3,4%) was minder dan de groei van de export in de wereld (4,8%), was groter dan de groei van de export in Amerika (2,9%).

Vergelijking met subregio's. De waarde van de export in de Caraïben was minder dan in Noord-Amerika (US$1,7 biljoen), in Zuid-Amerika (US$348,2 miljard) en in Centraal-Amerika (US$263,1 miljard). De uitvoer per hoofd in de Caraïben was in de Caraïben groter dan in Centraal-Amerika (US$1.813,7) en in Zuid-Amerika (US$943,9); maar minder dan in Noord-Amerika (US$5,3 duizend). De groei van de export in de Caraïben was groter dan in Centraal-Amerika (2,9%) en in Noord-Amerika (2,5%); maar minder dan in Zuid-Amerika (4,7%).

Leiders. De uitvoer van de Caraïben in de jaren 2000 bestond uit: Puerto Rico (58,2%), Trinidad en Tobago (8,6%), Dominicaanse Republiek (8,6%), Cuba (6,9%), Jamaica (3,7%), en andere (14,0%). Het aandeel van de export in BBP van de leiders: Puerto Rico (80,1%), Trinidad en Tobago (62,8%), Jamaica (37,5%), Dominicaanse Republiek (29,1%) en Cuba (17,3%). De waarde van de export per hoofd in de Caraïben onder de leiders: Puerto Rico ($17.888,4), Trinidad en Tobago ($7.482,6), Jamaica ($1.501,6), Dominicaanse Republiek ($1.064,7) en Cuba ($688,4). De groei van de export onder de leiders: Trinidad en Tobago (10,3%), Cuba (10,1%), Puerto Rico (3,2%), Dominicaanse Republiek (0,67%) en Jamaica (-0,22%).

de jaren 2010

De uitvoer van de Caraïben bedroeg in de jaren 2010 US$147,9 miljard per jaar. Het aandeel in de wereld was 0,65%, en 3,6% in Amerika.

Het aandeel van de export in het BBP van de Caraïben was 43,4% in de jaren 2010, en was vergelijkbaar met Irak (43,4%), Saoedi-Arabië (43,3%), Melanesië (43,6%).

De waarde van de export per hoofd in de Caraïben was $3.568,3 in de jaren 2010s, en was vergelijkbaar met Botswana (US$3,5 duizend), Costa Rica (US$3,5 duizend), Uruguay (US$3,6 duizend). De waarde van de export per hoofd in de Caraïben was 15,1% hoger dan de export per hoofd van de bevolking in de wereld ($3.098,9), en was 15,0% lager dan de export per hoofd van de bevolking in Amerika ($3.098,9).

De groei van de export in de Caraïben bedroeg -0.4% in de jaren 2010. De groei van de export in de Caraïben (-0,44%) was minder dan de groei van de export in de wereld (4,4%), was minder dan de groei van de export in Amerika (3,6%).

Vergelijking met subregio's. De uitvoer van de Caraïben was 19,0 keer minder dan in Noord-Amerika (US$2,8 biljoen), 4,4 keer minder dan in Zuid-Amerika (US$648,9 miljard) en 3,3 keer minder dan in Centraal-Amerika (US$487,6 miljard). De waarde van de export per hoofd in de Caraïben was in de Caraïben22,8% groter dan in Centraal-Amerika (US$2,9 duizend) en 2,3 keer groter dan in Zuid-Amerika (US$1.582,8); maar 2,2 keer minder dan in Noord-Amerika (US$7,9 duizend). De groei van de export in de Caraïben was minder dan in Centraal-Amerika (6,2%), in Noord-Amerika (3,7%) en in Zuid-Amerika (2,1%).

Leiders. De uitvoer van de Caraïben in de jaren 2010 bestond uit: Puerto Rico (51,5%), Dominicaanse Republiek (11,4%), Cuba (10,8%), Trinidad en Tobago (9,1%), Jamaica (3,2%), en andere (14,0%). Het aandeel van de export in BBP van de leiders: Puerto Rico (74,4%), Trinidad en Tobago (55,1%), Jamaica (32,8%), Dominicaanse Republiek (23,9%) en Cuba (18,9%). De uitvoer per hoofd in de Caraïben onder de leiders: Puerto Rico ($22.761,8), Trinidad en Tobago ($9.899,4), Jamaica ($1.654,0), Dominicaanse Republiek ($1.645,9) en Cuba ($1.413,8). De groei van de export onder de leiders: Dominicaanse Republiek (6,9%), Jamaica (1,7%), Cuba (-1,2%), Puerto Rico (-1,8%) en Trinidad en Tobago (-4,0%).

Hoofdstuk XI. Invoer

Invoer van goederen en diensten

De invoer van de Caraïben steeg van US$16,8 miljard per jaar in de jaren 1970 tot US$132,0 miljard per jaar in de jaren 2010, dat wil zeggen met US$115,1 miljard of 7,8 keer. De verandering vond plaats op US$79,8 miljard als gevolg van een 2,5-voudige stijging van de prijzen, en ook op US$25,8 miljard als gevolg van een 2,0-voudige toename van het tarief per hoofd , evenals op US$9,5 miljard als gevolg van de toename van de bevolking. De gemiddelde jaarlijkse groei van de invoer is 2,9%. De minimumwaarde van de invoer bedroeg US$8,5 miljard in 1970. De maximumwaarde van de invoer bedroeg US$142,1 miljard in 2019.

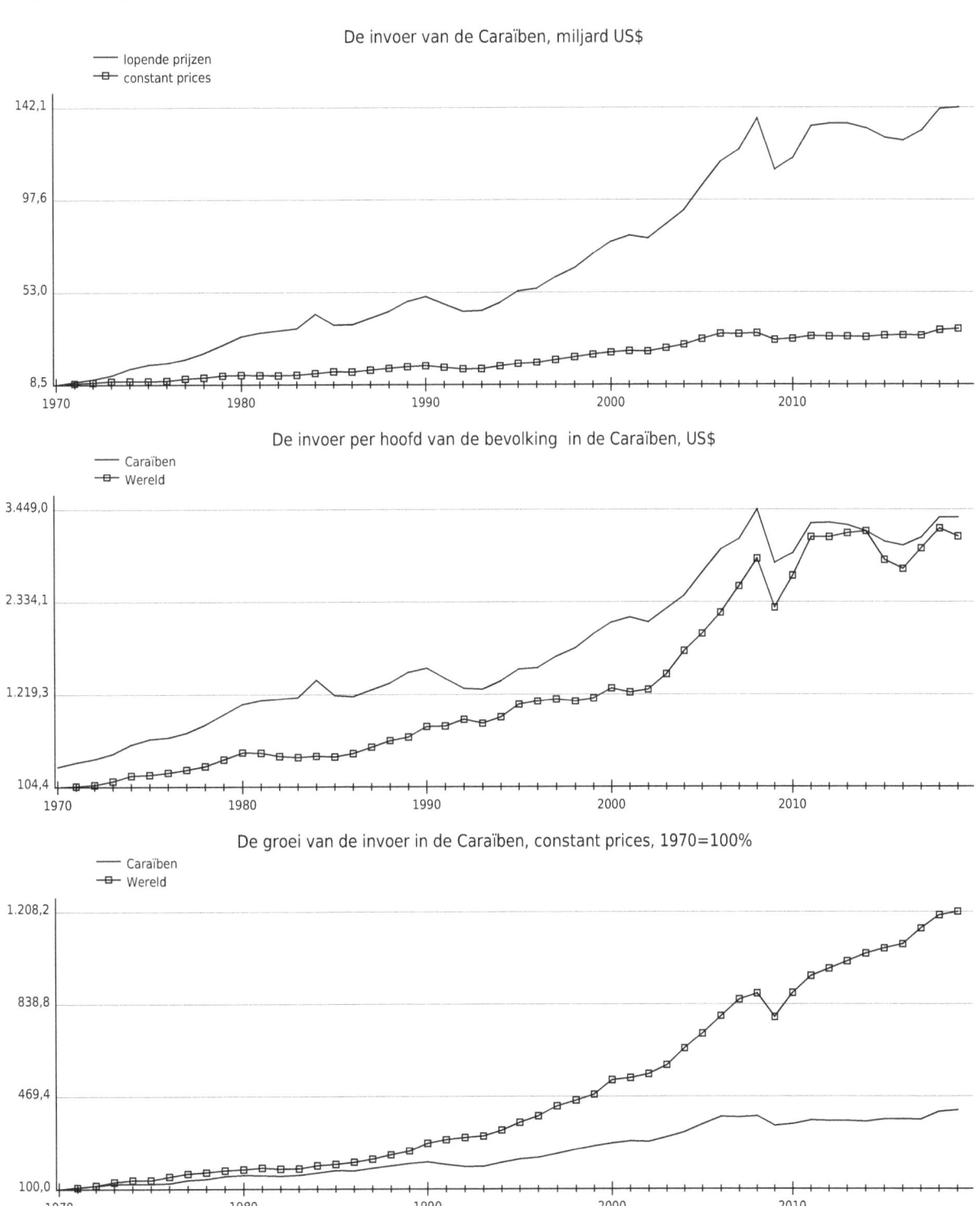

De invoer van de Caraïben, miljard US$

De invoer per hoofd van de bevolking in de Caraïben, US$

De groei van de invoer in de Caraïben, constant prices, 1970=100%

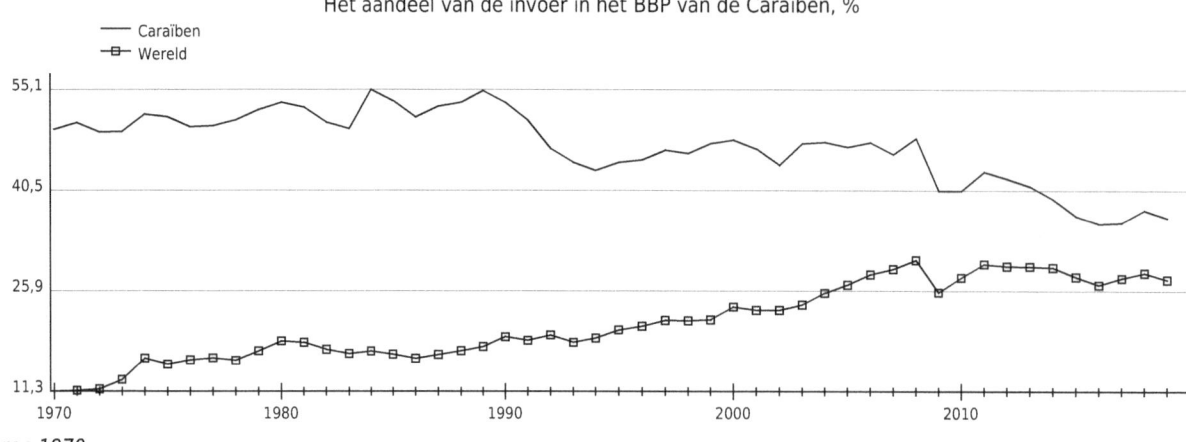

Het aandeel van de invoer in het BBP van de Caraïben, %

de jaren 1970

De waarde van de invoer in de Caraïben bedroeg in de jaren 1970 US$16,8 miljard per jaar. Het aandeel in de wereld was 1,7%, en 7,1% in Amerika.

Het aandeel van de invoer in het BBP van de Caraïben was 50,5% in de jaren 1970, en was vergelijkbaar met Ierland (50,5%), Anguilla (50,8%), Belize (50,2%).

De waarde van de invoer per hoofd in de Caraïben was $635,7 in de jaren 1970s, en was vergelijkbaar met Saint Lucia (US$629,9), Libanon (US$627,4), Griekenland (US$626,8). De waarde van de invoer per hoofd in de Caraïben was in 2,6 keer hoger dan de invoer per hoofd van de bevolking in de wereld ($244,3), en was 50,8% hoger dan de invoer per hoofd van de bevolking in Amerika ($244,3).

De groei van de invoer in de Caraïben bedroeg 4.7% in de jaren 1970, en was vergelijkbaar met Groenland (4,7%), Vietnam (4,7%), de Nederland (4,7%). De groei van de invoer in de Caraïben (4,7%) was minder dan de groei van de invoer in de wereld (6,3%), was minder dan de groei van de invoer in Amerika (5,4%).

Vergelijking met subregio's. De waarde van de invoer in de Caraïben was groter dan in Centraal-Amerika (US$15,5 miljard); maar minder dan in Noord-Amerika (US$171,8 miljard) en in Zuid-Amerika (US$32,0 miljard). De invoer per hoofd in de Caraïben was in de Caraïben groter dan in Centraal-Amerika (US$195,7) en in Zuid-Amerika (US$150,0); maar minder dan in Noord-Amerika (US$712,3). De groei van de invoer in de Caraïben was minder dan in Centraal-Amerika (7,4%), in Noord-Amerika (5,3%) en in Zuid-Amerika (5,2%).

Leiders. De invoer van de Caraïben in de jaren 1970 bestond uit: Puerto Rico (35,3%), Cuba (31,6%), Dominicaanse Republiek (9,5%), Trinidad en Tobago (6,1%), Jamaica (4,4%), en andere (13,1%). Het aandeel van de invoer in BBP van de leiders: Puerto Rico (71,0%), Trinidad en Tobago (45,6%), Cuba (44,2%), Dominicaanse Republiek (38,9%) en Jamaica (25,8%). De invoer per hoofd in de Caraïben onder de leiders: Puerto Rico ($2.104,8), Trinidad en Tobago ($1.018,6), Cuba ($571,1), Jamaica ($370,3) en Dominicaanse Republiek ($313,9). De groei van de invoer onder de leiders: Trinidad en Tobago (14,0%), Dominicaanse Republiek (8,1%), Cuba (5,4%), Puerto Rico (2,9%) en Jamaica (0,25%).

de jaren 1980

De waarde van de invoer in de Caraïben bedroeg in de jaren 1980 US$38,6 miljard per jaar, en was vergelijkbaar met Oost-Europa (US$38,7 miljard), Centraal-Amerika (US$39,2 miljard). Het aandeel in de wereld was 1,5%, en 5,9% in Amerika.

Het aandeel van de invoer in het BBP van de Caraïben was 52,7% in de jaren 1980, en was vergelijkbaar met Belize (52,5%), Namibië (52,2%).

De waarde van de invoer per hoofd in de Caraïben was $1.255,0 in de jaren 1980s, en was vergelijkbaar met Spanje (US$1.258,3), Congo-Brazzaville (US$1.248,2), Irak (US$1.237,0). De invoer per hoofd in de Caraïben was in 2,3 keer hoger dan de invoer per hoofd van de bevolking in de wereld ($539,1), en was 27,4% hoger dan de invoer per hoofd van de bevolking in Amerika ($539,1).

De groei van de invoer in de Caraïben bedroeg 2.9% in de jaren 1980, en was vergelijkbaar met Vanuatu (2,9%), de FS van Micronesië (2,9%), Chili (2,9%). De groei van de invoer in de Caraïben (2,9%) was minder dan de groei van de invoer in de wereld (3,8%), was minder dan de groei van de invoer in Amerika (3,8%).

Vergelijking met subregio's. De invoer van de Caraïben was minder dan in Noord-Amerika (US$513,4 miljard), in Zuid-Amerika (US$61,1 miljard) en in Centraal-Amerika (US$39,2 miljard). De invoer per hoofd in de Caraïben was in de Caraïben groter dan in Centraal-Amerika (US$387,4) en in Zuid-Amerika (US$230,5); maar minder dan in Noord-Amerika (US$1.935,3). De groei van de invoer in de Caraïben was groter dan in Centraal-Amerika (1,7%) en in Zuid-Amerika (-1,5%); maar minder dan in Noord-Amerika (5,5%).

Leiders. De waarde van de invoer in de Caraïben in de jaren 1980 bestond uit: Puerto Rico (37,2%), Cuba (26,7%), Dominicaanse Republiek (10,1%), Trinidad en Tobago (6,9%), Bahama's (4,7%), en andere (14,4%). Het aandeel van de invoer in BBP van de leiders: Puerto Rico (69,4%), Bahama's (55,9%), Dominicaanse Republiek (46,4%), Cuba (44,1%) en Trinidad en Tobago (42,6%). De waarde van de invoer per hoofd in de Caraïben onder de leiders: Bahama's ($7.819,9), Puerto Rico ($4.430,0), Trinidad en Tobago ($2.312,5), Cuba ($1.020,7) en Dominicaanse Republiek ($609,0). De groei van de invoer onder de leiders: Bahama's (4,3%), Puerto Rico (4,0%), Cuba (3,8%), Dominicaanse Republiek (0,88%) en Trinidad en Tobago (-3,1%).

de jaren 1990

De waarde van de invoer in de Caraïben bedroeg in de jaren 1990 US$54,0 miljard per jaar. Het aandeel in de wereld was 0,93%, en 3,9% in Amerika.

Het aandeel van de invoer in het BBP van de Caraïben was 46,6% in de jaren 1990, en was vergelijkbaar met Bhutan (46,3%), Jamaica (46,2%), Kirgizië (47,0%).

De waarde van de invoer per hoofd in de Caraïben was $1.542,2 in de jaren 1990s, en was vergelijkbaar met de Federale Staten van Micronesië (US$1.549,9), Libanon (US$1.551,7). De invoer per hoofd in de Caraïben was 51,9% hoger dan de invoer per hoofd van de bevolking in de wereld ($1.015,5), en was 14,9% lager dan de invoer per hoofd van de bevolking in Amerika ($1.015,5).

De groei van de invoer in de Caraïben bedroeg 3% in de jaren 1990, en was vergelijkbaar met Melanesië (3,0%). De groei van de invoer in de Caraïben (3,0%) was minder dan de groei van de invoer in de wereld (6,6%), was minder dan de groei van de invoer in Amerika (8,2%).

Vergelijking met subregio's. De waarde van de invoer in de Caraïben was minder dan in Noord-Amerika (US$1,1 biljoen), in Zuid-Amerika (US$153,8 miljard) en in Centraal-Amerika (US$118,8 miljard). De waarde van de invoer per hoofd in de Caraïben was in de Caraïben groter dan in Centraal-Amerika (US$963,1) en in Zuid-Amerika (US$481,6); maar minder dan in Noord-Amerika (US$3,7 duizend). De groei van de invoer in de Caraïben was minder dan in Centraal-Amerika (11,5%), in Zuid-Amerika (9,1%) en in Noord-Amerika (8,0%).

Leiders. De waarde van de invoer in de Caraïben in de jaren 1990 bestond uit: Puerto Rico (49,6%), Dominicaanse Republiek (11,6%), Cuba (10,0%), Jamaica (5,6%), Bahama's (4,3%), en andere (19,1%). Het aandeel van de invoer in BBP van de leiders: Puerto Rico (62,5%), Jamaica (46,2%), Bahama's (41,4%), Dominicaanse Republiek (40,8%) en Cuba (20,6%). De waarde van de invoer per hoofd in de Caraïben onder de leiders: Bahama's ($8.319,2), Puerto Rico ($7.551,3), Jamaica ($1.192,3), Dominicaanse Republiek ($806,3) en Cuba ($495,2). De groei van de invoer onder de leiders: Dominicaanse Republiek (7,5%), Jamaica (4,4%), Bahama's (4,3%), Puerto Rico (3,1%) en Cuba (-6,4%).

de jaren 2000

De invoer van de Caraïben bedroeg in de jaren 2000 US$100,6 miljard per jaar. Het aandeel in de wereld was 0,81%, en 3,4% in Amerika.

Het aandeel van de invoer in het BBP van de Caraïben was 46,0% in de jaren 2000.

De invoer per hoofd in de Caraïben was $2.607,2 in de jaren 2000s, en was vergelijkbaar met Nauru (US$2,6 duizend), Libanon (US$2,6 duizend). De invoer per hoofd in de Caraïben was 37,2% hoger dan de invoer per hoofd van de bevolking in de wereld ($1.899,9), en was 22,3% lager dan de invoer per hoofd van de bevolking in Amerika ($1.899,9).

De groei van de invoer in de Caraïben bedroeg 2.6% in de jaren 2000, en was vergelijkbaar met Cyprus (2,7%). De groei van de invoer in de Caraïben (2,6%) was minder dan de groei van de invoer in de wereld (5,1%), was minder dan de groei van de invoer in Amerika (3,5%).

Vergelijking met subregio's. De invoer van de Caraïben was minder dan in Noord-Amerika (US$2,3 biljoen), in Zuid-Amerika (US$307,0 miljard) en in Centraal-Amerika (US$289,3 miljard). De invoer per hoofd in de Caraïben was in de Caraïben groter dan in

Centraal-Amerika (US$1.994,5) en in Zuid-Amerika (US$832,1); maar minder dan in Noord-Amerika (US$6,9 duizend). De groei van de invoer in de Caraïben was minder dan in Zuid-Amerika (7,1%), in Centraal-Amerika (3,2%) en in Noord-Amerika (2,7%).

Leiders. De waarde van de invoer in de Caraïben in de jaren 2000 bestond uit: Puerto Rico (50,7%), Dominicaanse Republiek (12,0%), Cuba (7,7%), Jamaica (6,1%), Trinidad en Tobago (6,0%), en andere (17,5%). Het aandeel van de invoer in BBP van de leiders: Puerto Rico (62,7%), Jamaica (56,2%), Trinidad en Tobago (39,3%), Dominicaanse Republiek (36,4%) en Cuba (17,4%). De invoer per hoofd in de Caraïben onder de leiders: Puerto Rico ($14.012,5), Trinidad en Tobago ($4.682,7), Jamaica ($2.252,3), Dominicaanse Republiek ($1.332,6) en Cuba ($693,0). De groei van de invoer onder de leiders: Trinidad en Tobago (6,2%), Cuba (4,4%), Puerto Rico (3,0%), Dominicaanse Republiek (1,6%) en Jamaica (1,5%).

de jaren 2010

De invoer van de Caraïben bedroeg in de jaren 2010 US$132,0 miljard per jaar. Het aandeel in de wereld was 0,60%, en 2,8% in Amerika.

Het aandeel van de invoer in het BBP van de Caraïben was 38,7% in de jaren 2010, en was vergelijkbaar met Zambia (38,7%), Noord-Europa (38,4%), Finland (38,4%).

De waarde van de invoer per hoofd in de Caraïben was $3.184,6 in de jaren 2010s, en was vergelijkbaar met de Marshalleilanden (US$3,2 duizend), Suriname (US$3,2 duizend), Centraal-Amerika (US$3,1 duizend). De invoer per hoofd in de Caraïben was 5,6% hoger dan de invoer per hoofd van de bevolking in de wereld ($3.015,6), en was 34,8% lager dan de invoer per hoofd van de bevolking in Amerika ($3.015,6).

De groei van de invoer in de Caraïben bedroeg 1.6% in de jaren 2010. De groei van de invoer in de Caraïben (1,6%) was minder dan de groei van de invoer in de wereld (4,4%), was minder dan de groei van de invoer in Amerika (3,3%).

Vergelijking met subregio's. De invoer van de Caraïben was 25,6 keer minder dan in Noord-Amerika (US$3,4 biljoen), 5,5 keer minder dan in Zuid-Amerika (US$721,9 miljard) en 4,0 keer minder dan in Centraal-Amerika (US$523,8 miljard). De invoer per hoofd in de Caraïben was in de Caraïben2,0% groter dan in Centraal-Amerika (US$3,1 duizend) en 80,8% groter dan in Zuid-Amerika (US$1.761,0); maar 3,0 keer minder dan in Noord-Amerika (US$9,5 duizend). De groei van de invoer in de Caraïben was groter dan in Zuid-Amerika (-1,4%); maar minder dan in Centraal-Amerika (5,3%) en in Noord-Amerika (4,3%).

Leiders. De waarde van de invoer in de Caraïben in de jaren 2010 bestond uit: Puerto Rico (42,5%), Dominicaanse Republiek (15,9%), Cuba (10,0%), Trinidad en Tobago (7,5%), Jamaica (5,6%), en andere (18,6%). Het aandeel van de invoer in BBP van de leiders: Puerto Rico (54,8%), Jamaica (50,5%), Trinidad en Tobago (40,3%), Dominicaanse Republiek (29,9%) en Cuba (15,6%). De waarde van de invoer per hoofd in de Caraïben onder de leiders: Puerto Rico ($16.759,4), Trinidad en Tobago ($7.233,0), Jamaica ($2.544,9), Dominicaanse Republiek ($2.055,6) en Cuba ($1.163,9). De groei van de invoer onder de leiders: Dominicaanse Republiek (5,2%), Cuba (2,8%), Puerto Rico (1,0%), Jamaica (1,0%) en Trinidad en Tobago (-0,087%).

Part IV. Verbruik

Hoofdstuk XII. Overheidsuitgaven

Consumptie-uitgaven van de overheid

De overheidsuitgaven van de Caraïben steeg van US$6,7 miljard per jaar in de jaren 1970 tot US$55,0 miljard per jaar in de jaren 2010, dat wil zeggen met US$48,3 miljard of 8,2 keer. De verandering vond plaats op US$34,9 miljard als gevolg van een 2,7-voudige stijging van de prijzen, en ook op US$9,6 miljard als gevolg van een 1,9-voudige toename van het tarief per hoofd , evenals op US$3,8 miljard als gevolg van de toename van de bevolking. De gemiddelde jaarlijkse groei van de overheidsuitgaven is 2,9%. De minimumwaarde van de overheidsuitgaven bedroeg US$3,3 miljard in 1970. De maximumwaarde van de overheidsuitgaven bedroeg US$63,8 miljard in 2019.

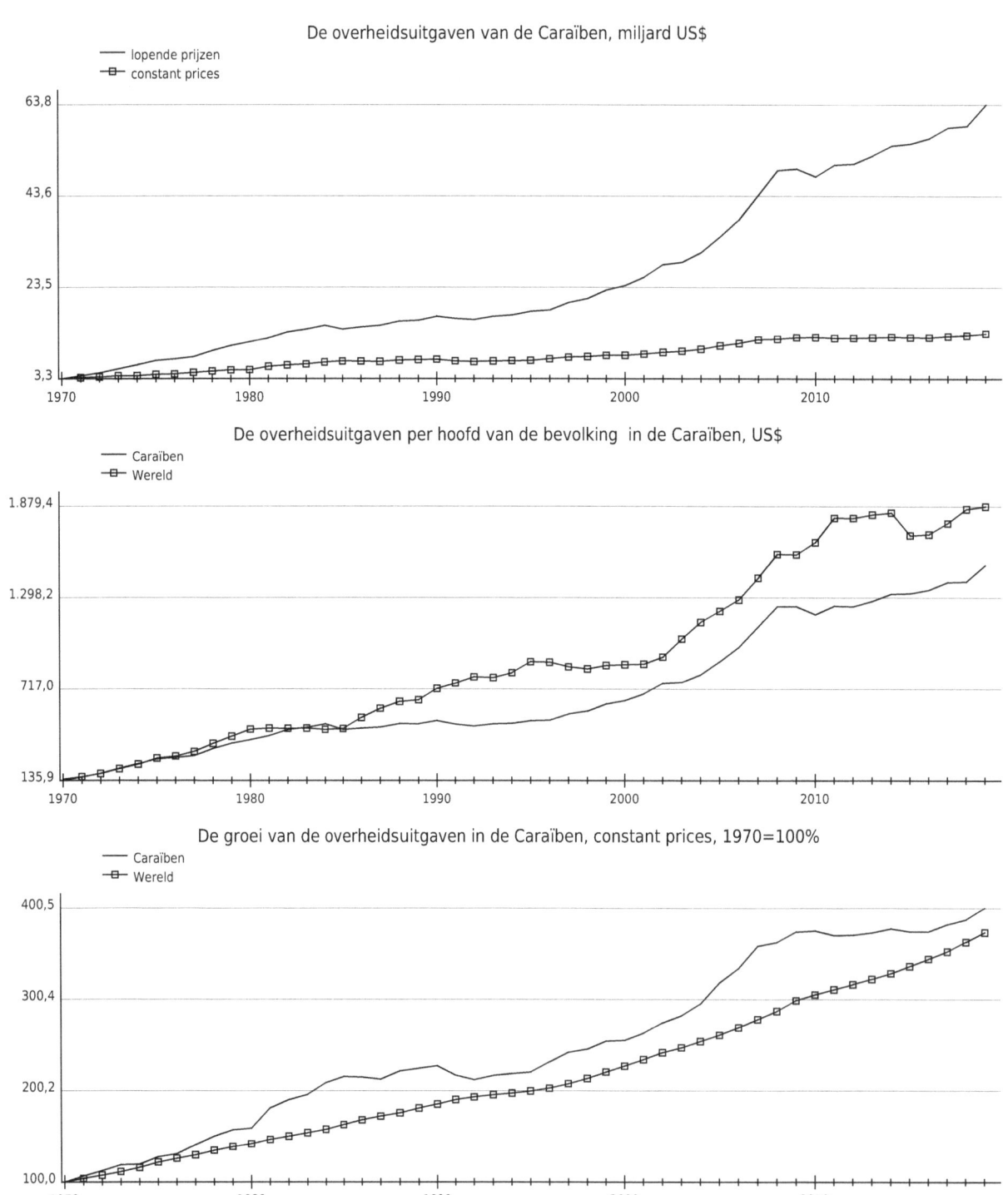

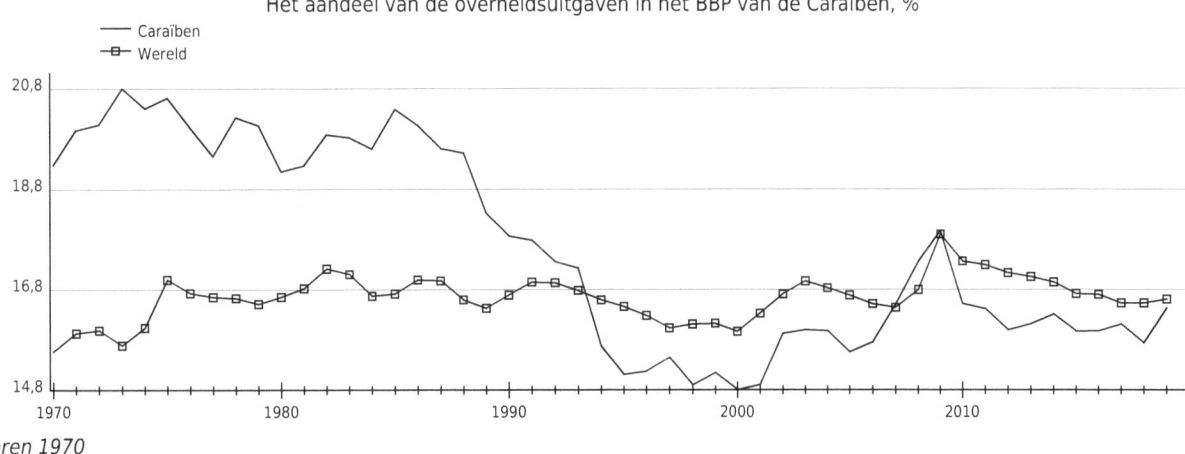

Het aandeel van de overheidsuitgaven in het BBP van de Caraïben, %

de jaren 1970

De overheidsuitgaven van de Caraïben bedroeg in de jaren 1970 US$6,7 miljard per jaar, en was vergelijkbaar met Oost-Afrika (US$6,9 miljard). Het aandeel in de wereld was 0,62%, en 1,8% in Amerika.

Het aandeel van de overheidsuitgaven in het BBP van de Caraïben was 20,1% in de jaren 1970, en was vergelijkbaar met Oost-Afrika (20,1%), het Verenigd Koninkrijk (20,1%), Centraal-Afrika (20,0%).

De overheidsuitgaven per hoofd in de Caraïben was $252,6 in de jaren 1970s, en was vergelijkbaar met Singapore (US$251,8), Malta (US$248,1). De overheidsuitgaven per hoofd in de Caraïben was 4,8% lager dan de overheidsuitgaven per hoofd van de bevolking in de wereld ($265,2), en was in 2,6 keer lager dan de overheidsuitgaven per hoofd van de bevolking in Amerika ($265,2).

De groei van de overheidsuitgaven in de Caraïben bedroeg 5.2% in de jaren 1970, en was vergelijkbaar met Zuid-Afrika (5,1%), Mauritius (5,1%), Puerto Rico (5,2%). De groei van de overheidsuitgaven in de Caraïben (5,2%) was groter dan de groei van de overheidsuitgaven in de wereld (3,7%), was groter dan de groei van de overheidsuitgaven in Amerika (2,1%).

Vergelijking met subregio's. De overheidsuitgaven van de Caraïben was minder dan in Noord-Amerika (US$321,9 miljard), in Zuid-Amerika (US$29,3 miljard) en in Centraal-Amerika (US$9,1 miljard). De overheidsuitgaven per hoofd in de Caraïben was in de Caraïben groter dan in Zuid-Amerika (US$137,3) en in Centraal-Amerika (US$114,6); maar minder dan in Noord-Amerika (US$1.334,8). De groei van de overheidsuitgaven in de Caraïben was groter dan in Noord-Amerika (1,2%); maar minder dan in Centraal-Amerika (8,4%) en in Zuid-Amerika (6,5%).

Leiders. De overheidsuitgaven van de Caraïben in de jaren 1970 bestond uit: Cuba (57,1%), Puerto Rico (21,2%), Jamaica (6,5%), Trinidad en Tobago (4,4%), Dominicaanse Republiek (3,5%), en andere (7,2%). Het aandeel van de overheidsuitgaven in BBP van de leiders: Cuba (31,7%), Puerto Rico (16,9%), Jamaica (15,2%), Trinidad en Tobago (13,3%) en Dominicaanse Republiek (5,8%). De overheidsuitgaven per hoofd in de Caraïben onder de leiders: Puerto Rico ($500,9), Cuba ($409,6), Trinidad en Tobago ($296,3), Jamaica ($218,2) en Dominicaanse Republiek ($46,5). De groei van de overheidsuitgaven onder de leiders: Trinidad en Tobago (9,8%), Jamaica (8,0%), Cuba (5,4%), Puerto Rico (5,2%) en Dominicaanse Republiek (2,4%).

de jaren 1980

De overheidsuitgaven van de Caraïben bedroeg in de jaren 1980 US$14,3 miljard per jaar, en was vergelijkbaar met Zuid-Afrika (US$14,3 miljard), Noorwegen (US$14,5 miljard). Het aandeel in de wereld was 0,56%, en 1,7% in Amerika.

Het aandeel van de overheidsuitgaven in het BBP van de Caraïben was 19,5% in de jaren 1980, en was vergelijkbaar met Polen (19,6%), Trinidad en Tobago (19,4%), Guinee-Bissau (19,7%).

De overheidsuitgaven per hoofd in de Caraïben was $464,4 in de jaren 1980s, en was vergelijkbaar met Joegoslavië (US$456,1). De overheidsuitgaven per hoofd in de Caraïben was 11,3% lager dan de overheidsuitgaven per hoofd van de bevolking in de wereld ($523,5), en was in 2,8 keer lager dan de overheidsuitgaven per hoofd van de bevolking in Amerika ($523,5).

De groei van de overheidsuitgaven in de Caraïben bedroeg 3.6% in de jaren 1980, en was vergelijkbaar met Guatemala (3,6%), Saoedi-Arabië (3,6%), Suriname (3,6%). De groei van de overheidsuitgaven in de Caraïben (3,6%) was groter dan de groei van de overheidsuitgaven in de wereld (2,7%), was groter dan de groei van de overheidsuitgaven in Amerika (2,5%).

Vergelijking met subregio's. De overheidsuitgaven van de Caraïben was minder dan in Noord-Amerika (US$749,7 miljard), in Zuid-Amerika (US$66,7 miljard) en in Centraal-Amerika (US$21,8 miljard). De overheidsuitgaven per hoofd in de Caraïben was in de Caraïben groter dan in Zuid-Amerika (US$251,5) en in Centraal-Amerika (US$215,8); maar minder dan in Noord-Amerika (US$2,8 duizend). De groei van de overheidsuitgaven in de Caraïben was groter dan in Centraal-Amerika (3,1%), in Noord-Amerika (2,6%) en in Zuid-Amerika (2,1%).

Leiders. De overheidsuitgaven van de Caraïben in de jaren 1980 bestond uit: Cuba (52,0%), Puerto Rico (21,1%), Trinidad en Tobago (8,5%), Dominicaanse Republiek (3,9%), Jamaica (3,9%), en andere (10,6%). Het aandeel van de overheidsuitgaven in BBP van de leiders: Cuba (31,7%), Trinidad en Tobago (19,4%), Jamaica (14,9%), Puerto Rico (14,6%) en Dominicaanse Republiek (6,6%). De overheidsuitgaven per hoofd in de Caraïben onder de leiders: Trinidad en Tobago ($1.052,2), Puerto Rico ($931,4), Cuba ($734,1), Jamaica ($241,8) en Dominicaanse Republiek ($87,1). De groei van de overheidsuitgaven onder de leiders: Dominicaanse Republiek (5,1%), Puerto Rico (5,1%), Cuba (3,8%), Trinidad en Tobago (1,4%) en Jamaica (-0,15%).

de jaren 1990

De overheidsuitgaven van de Caraïben bedroeg in de jaren 1990 US$18,5 miljard per jaar, en was vergelijkbaar met Portugal (US$18,7 miljard). Het aandeel in de wereld was 0,39%, en 1,2% in Amerika.

Het aandeel van de overheidsuitgaven in het BBP van de Caraïben was 16,0% in de jaren 1990, en was vergelijkbaar met Trinidad en Tobago (15,9%), Grenada (15,9%).

De overheidsuitgaven per hoofd in de Caraïben was $528,5 in de jaren 1990s, en was vergelijkbaar met Libanon (US$528,1), Oost-Timor (US$515,9). De overheidsuitgaven per hoofd in de Caraïben was 35,9% lager dan de overheidsuitgaven per hoofd van de bevolking in de wereld ($824,8), en was in 3,7 keer lager dan de overheidsuitgaven per hoofd van de bevolking in Amerika ($824,8).

De groei van de overheidsuitgaven in de Caraïben bedroeg 1.2% in de jaren 1990. De groei van de overheidsuitgaven in de Caraïben (1,2%) was minder dan de groei van de overheidsuitgaven in de wereld (2,0%), was groter dan de groei van de overheidsuitgaven in Amerika (1,1%).

Vergelijking met subregio's. De overheidsuitgaven van de Caraïben was minder dan in Noord-Amerika (US$1,3 biljoen), in Zuid-Amerika (US$189,4 miljard) en in Centraal-Amerika (US$44,5 miljard). De overheidsuitgaven per hoofd in de Caraïben was in de Caraïben groter dan in Centraal-Amerika (US$360,9); maar minder dan in Noord-Amerika (US$4,3 duizend) en in Zuid-Amerika (US$593,0). De groei van de overheidsuitgaven in de Caraïben was groter dan in Noord-Amerika (1,2%) en in Zuid-Amerika (0,33%); maar minder dan in Centraal-Amerika (2,3%).

Leiders. De overheidsuitgaven van de Caraïben in de jaren 1990 bestond uit: Cuba (41,4%), Puerto Rico (31,5%), Trinidad en Tobago (4,7%), Dominicaanse Republiek (4,7%), Jamaica (4,2%), en andere (13,5%). Het aandeel van de overheidsuitgaven in BBP van de leiders: Cuba (29,3%), Trinidad en Tobago (15,9%), Puerto Rico (13,6%), Jamaica (11,9%) en Dominicaanse Republiek (5,7%). De overheidsuitgaven per hoofd in de Caraïben onder de leiders: Puerto Rico ($1.644,5), Cuba ($704,9), Trinidad en Tobago ($701,5), Jamaica ($306,4) en Dominicaanse Republiek ($111,9). De groei van de overheidsuitgaven onder de leiders: Dominicaanse Republiek (7,5%), Jamaica (3,3%), Puerto Rico (2,7%), Trinidad en Tobago (0,50%) en Cuba (-0,88%).

de jaren 2000

De overheidsuitgaven van de Caraïben bedroeg in de jaren 2000 US$35,4 miljard per jaar. Het aandeel in de wereld was 0,45%, en 1,4% in Amerika.

Het aandeel van de overheidsuitgaven in het BBP van de Caraïben was 16,2% in de jaren 2000, en was vergelijkbaar met Curaçao (16,2%), Luxemburg (16,3%), Dominica (16,1%).

De overheidsuitgaven per hoofd in de Caraïben was $917,3 in de jaren 2000s, en was vergelijkbaar met de Maldiven (US$928,4), Turkije (US$905,9), Gabon (US$929,1). De overheidsuitgaven per hoofd in de Caraïben was 23,6% lager dan de overheidsuitgaven per hoofd van de bevolking in de wereld ($1.200,9), en was in 3,2 keer lager dan de overheidsuitgaven per hoofd van de bevolking in Amerika ($1.200,9).

De groei van de overheidsuitgaven in de Caraïben bedroeg 3.9% in de jaren 2000, en was vergelijkbaar met Egypte (3,9%). De groei van de overheidsuitgaven in de Caraïben (3,9%) was groter dan de groei van de overheidsuitgaven in de wereld (3,1%), was groter dan de groei van de overheidsuitgaven in Amerika (2,4%).

Vergelijking met subregio's. De overheidsuitgaven van de Caraïben was minder dan in Noord-Amerika (US$2,1 biljoen), in Zuid-Amerika (US$292,8 miljard) en in Centraal-Amerika (US$104,0 miljard). De overheidsuitgaven per hoofd in de Caraïben was in de Caraïben groter dan in Zuid-Amerika (US$793,8) en in Centraal-Amerika (US$716,9); maar minder dan in Noord-Amerika (US$6,6 duizend). De groei van de overheidsuitgaven in de Caraïben was groter dan in Zuid-Amerika (3,2%), in Noord-Amerika (2,3%) en in Centraal-Amerika (1,6%).

Leiders. De overheidsuitgaven van de Caraïben in de jaren 2000 bestond uit: Cuba (44,2%), Puerto Rico (26,5%), Dominicaanse Republiek (8,7%), Trinidad en Tobago (5,1%), Jamaica (4,5%), en andere (11,1%). Het aandeel van de overheidsuitgaven in BBP van de leiders: Cuba (35,0%), Jamaica (14,7%), Trinidad en Tobago (11,6%), Puerto Rico (11,5%) en Dominicaanse Republiek (9,3%). De overheidsuitgaven per hoofd in de Caraïben onder de leiders: Puerto Rico ($2.575,0), Cuba ($1.394,6), Trinidad en Tobago ($1.386,8), Jamaica ($587,5) en Dominicaanse Republiek ($339,5). De groei van de overheidsuitgaven onder de leiders: Cuba (5,9%), Dominicaanse Republiek (4,9%), Trinidad en Tobago (4,6%), Jamaica (1,7%) en Puerto Rico (0,69%).

de jaren 2010

De overheidsuitgaven van de Caraïben bedroeg in de jaren 2010 US$55,0 miljard per jaar, en was vergelijkbaar met West-Afrika (US$55,4 miljard), Iran (US$56,1 miljard). Het aandeel in de wereld was 0,42%, en 1,4% in Amerika.

Het aandeel van de overheidsuitgaven in het BBP van de Caraïben was 16,1% in de jaren 2010, en was vergelijkbaar met Burkina Faso (16,1%), Noord-Afrika (16,2%), Belize (16,1%).

De overheidsuitgaven per hoofd in de Caraïben was $1.326,5 in de jaren 2010s, en was vergelijkbaar met Zuidelijk Afrika (US$1.311,7), Zuid-Afrika (US$1.346,6), Maleisië (US$1.350,6). De overheidsuitgaven per hoofd in de Caraïben was 25,7% lager dan de overheidsuitgaven per hoofd van de bevolking in de wereld ($1.785,1), en was in 3,0 keer lager dan de overheidsuitgaven per hoofd van de bevolking in Amerika ($1.785,1).

De groei van de overheidsuitgaven in de Caraïben bedroeg 0.7% in de jaren 2010. De groei van de overheidsuitgaven in de Caraïben (0,68%) was minder dan de groei van de overheidsuitgaven in de wereld (2,3%), was groter dan de groei van de overheidsuitgaven in Amerika (0,45%).

Vergelijking met subregio's. De overheidsuitgaven van de Caraïben was 54,8 keer minder dan in Noord-Amerika (US$3,0 biljoen), 12,6 keer minder dan in Zuid-Amerika (US$691,8 miljard) en 3,1 keer minder dan in Centraal-Amerika (US$171,9 miljard). De overheidsuitgaven per hoofd in de Caraïben was in de Caraïben29,5% groter dan in Centraal-Amerika (US$1.024,7); maar 6,4 keer minder dan in Noord-Amerika (US$8,5 duizend) en 21,4% minder dan in Zuid-Amerika (US$1.687,7). De groei van de overheidsuitgaven in de Caraïben was groter dan in Noord-Amerika (0,15%); maar minder dan in Centraal-Amerika (2,1%) en in Zuid-Amerika (1,5%).

Leiders. De overheidsuitgaven van de Caraïben in de jaren 2010 bestond uit: Cuba (49,3%), Puerto Rico (17,8%), Dominicaanse Republiek (13,3%), Trinidad en Tobago (6,0%), Jamaica (3,9%), en andere (9,7%). Het aandeel van de overheidsuitgaven in BBP van de leiders: Cuba (32,1%), Jamaica (14,6%), Trinidad en Tobago (13,5%), Dominicaanse Republiek (10,4%) en Puerto Rico (9,6%). De overheidsuitgaven per hoofd in de Caraïben onder de leiders: Puerto Rico ($2.923,7), Trinidad en Tobago ($2.417,0), Cuba ($2.400,8), Jamaica ($736,2) en Dominicaanse Republiek ($716,6). De groei van de overheidsuitgaven onder de leiders: Dominicaanse Republiek (3,8%), Trinidad en Tobago (0,83%), Cuba (0,39%), Jamaica (-0,10%) en Puerto Rico (-0,34%).

Hoofdstuk XIII. Huishoudelijke uitgaven

Consumptieve bestedingen van de huishoudens

De huishoudelijke uitgaven van de Caraïben steeg van US$21,5 miljard per jaar in de jaren 1970 tot US$216,1 miljard per jaar in de jaren 2010, dat wil zeggen met US$194,6 miljard of 10,0 keer. De verandering vond plaats op US$153,5 miljard als gevolg van een 3,5-voudige stijging van de prijzen, en ook op US$28,9 miljard als gevolg van een 1,9-voudige toename van het tarief per hoofd , evenals op US$12,1 miljard als gevolg van de toename van de bevolking. De gemiddelde jaarlijkse groei van de huishoudelijke uitgaven is 2,9%. De minimumwaarde van de huishoudelijke uitgaven bedroeg US$11,2 miljard in 1970. De maximumwaarde van de huishoudelijke uitgaven bedroeg US$251,6 miljard in 2019.

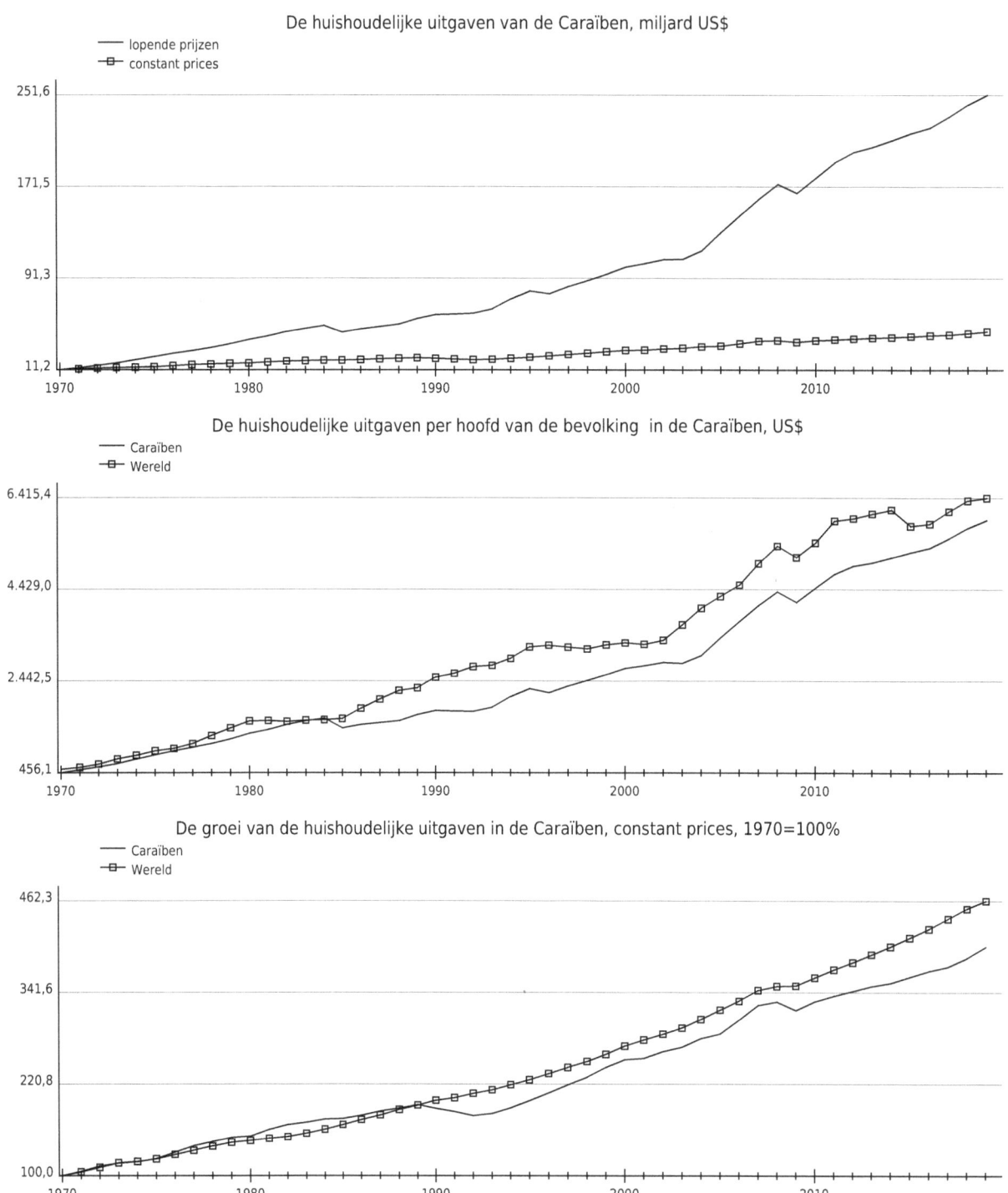

De huishoudelijke uitgaven van de Caraïben, miljard US$

De huishoudelijke uitgaven per hoofd van de bevolking in de Caraïben, US$

De groei van de huishoudelijke uitgaven in de Caraïben, constant prices, 1970=100%

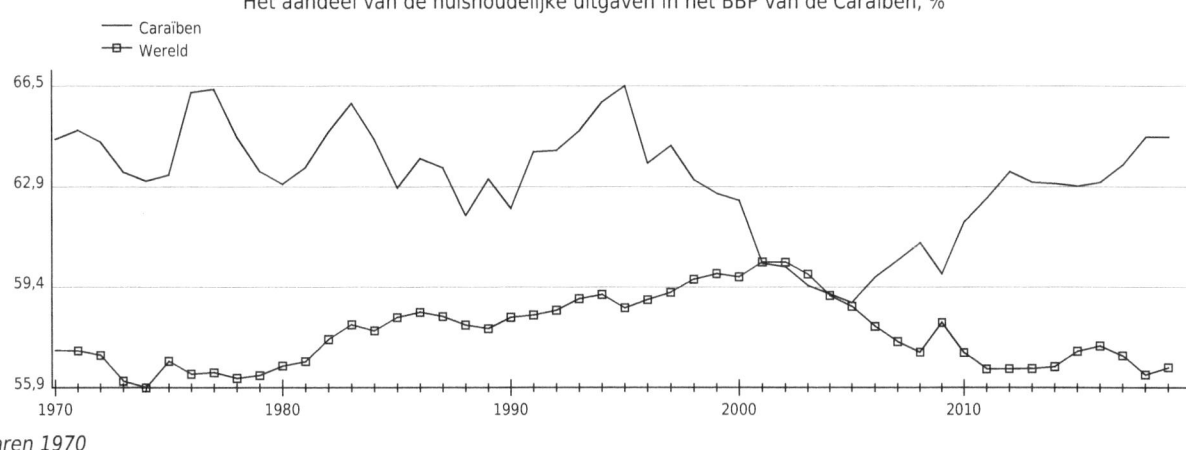

Het aandeel van de huishoudelijke uitgaven in het BBP van de Caraïben, %

de jaren 1970

De huishoudelijke uitgaven van de Caraïben bedroeg in de jaren 1970 US$21,5 miljard per jaar, en was vergelijkbaar met Oostenrijk (US$21,9 miljard), Denemarken (US$21,1 miljard), Indonesië (US$21,0 miljard). Het aandeel in de wereld was 0,58%, en 1,6% in Amerika.

Het aandeel van de huishoudelijke uitgaven in het BBP van de Caraïben was 64,5% in de jaren 1970, en was vergelijkbaar met Zuid-Amerika (64,3%), Andorra (64,2%), Spanje (64,2%).

De huishoudelijke uitgaven per hoofd in de Caraïben was $811,8 in de jaren 1970s, en was vergelijkbaar met Bulgarije (US$813,5), Brunei (US$798,9). De huishoudelijke uitgaven per hoofd in de Caraïben was 11,3% lager dan de huishoudelijke uitgaven per hoofd van de bevolking in de wereld ($914,8), en was in 3,0 keer lager dan de huishoudelijke uitgaven per hoofd van de bevolking in Amerika ($914,8).

De groei van de huishoudelijke uitgaven in de Caraïben bedroeg 4.6% in de jaren 1970, en was vergelijkbaar met Kenia (4,6%), Haïti (4,6%), Canada (4,6%). De groei van de huishoudelijke uitgaven in de Caraïben (4,6%) was groter dan de groei van de huishoudelijke uitgaven in de wereld (4,1%), was groter dan de groei van de huishoudelijke uitgaven in Amerika (4,1%).

Vergelijking met subregio's. De huishoudelijke uitgaven van de Caraïben was minder dan in Noord-Amerika (US$1,1 biljoen), in Zuid-Amerika (US$158,1 miljard) en in Centraal-Amerika (US$75,5 miljard). De huishoudelijke uitgaven per hoofd in de Caraïben was in de Caraïben groter dan in Zuid-Amerika (US$742,2); maar minder dan in Noord-Amerika (US$4,7 duizend) en in Centraal-Amerika (US$955,0). De groei van de huishoudelijke uitgaven in de Caraïben was groter dan in Noord-Amerika (3,7%); maar minder dan in Zuid-Amerika (6,0%) en in Centraal-Amerika (5,6%).

Leiders. De huishoudelijke uitgaven van de Caraïben in de jaren 1970 bestond uit: Cuba (30,6%), Puerto Rico (30,6%), Dominicaanse Republiek (13,9%), Jamaica (7,9%), Trinidad en Tobago (5,4%), en andere (11,6%). Het aandeel van de huishoudelijke uitgaven in BBP van de leiders: Puerto Rico (78,4%), Dominicaanse Republiek (73,0%), Jamaica (59,3%), Cuba (54,6%) en Trinidad en Tobago (51,3%). De huishoudelijke uitgaven per hoofd in de Caraïben onder de leiders: Puerto Rico ($2.326,1), Trinidad en Tobago ($1.147,6), Jamaica ($851,3), Cuba ($706,2) en Dominicaanse Republiek ($589,0). De groei van de huishoudelijke uitgaven onder de leiders: Trinidad en Tobago (7,9%), Dominicaanse Republiek (5,9%), Cuba (5,4%), Puerto Rico (4,2%) en Jamaica (0,18%).

de jaren 1980

De huishoudelijke uitgaven van de Caraïben bedroeg in de jaren 1980 US$46,7 miljard per jaar, en was vergelijkbaar met Oost-Afrika (US$45,7 miljard). Het aandeel in de wereld was 0,53%, en 1,4% in Amerika.

Het aandeel van de huishoudelijke uitgaven in het BBP van de Caraïben was 63,7% in de jaren 1980, en was vergelijkbaar met Andorra (63,3%), Spanje (63,3%), Mexico (64,3%).

De huishoudelijke uitgaven per hoofd in de Caraïben was $1.517,8 in de jaren 1980s, en was vergelijkbaar met Iran (US$1.516,2), de Sovjet-Unie (US$1.542,8), Joegoslavië (US$1.547,8). De huishoudelijke uitgaven per hoofd in de Caraïben was 16,0% lager dan de huishoudelijke uitgaven per hoofd van de bevolking in de wereld ($1.808,0), en was in 3,4 keer lager dan de huishoudelijke uitgaven per hoofd van de bevolking in Amerika ($1.808,0).

De groei van de huishoudelijke uitgaven in de Caraïben bedroeg 2.6% in de jaren 1980, en was vergelijkbaar met Zuid-Europa (2,6%), de Cookeilanden (2,6%), Portugal (2,6%). De groei van de huishoudelijke uitgaven in de Caraïben (2,6%) was minder dan de groei van de huishoudelijke uitgaven in de wereld (3,0%), was minder dan de groei van de huishoudelijke uitgaven in Amerika (2,9%).

Vergelijking met subregio's. De huishoudelijke uitgaven van de Caraïben was minder dan in Noord-Amerika (US$2,8 biljoen), in Zuid-Amerika (US$343,2 miljard) en in Centraal-Amerika (US$159,6 miljard). De huishoudelijke uitgaven per hoofd in de Caraïben was in de Caraïben groter dan in Zuid-Amerika (US$1.294,7); maar minder dan in Noord-Amerika (US$10,6 duizend) en in Centraal-Amerika (US$1.577,4). De groei van de huishoudelijke uitgaven in de Caraïben was groter dan in Centraal-Amerika (1,8%) en in Zuid-Amerika (1,6%); maar minder dan in Noord-Amerika (3,2%).

Leiders. De huishoudelijke uitgaven van de Caraïben in de jaren 1980 bestond uit: Puerto Rico (32,1%), Cuba (27,6%), Dominicaanse Republiek (13,0%), Trinidad en Tobago (7,8%), Jamaica (4,8%), en andere (14,6%). Het aandeel van de huishoudelijke uitgaven in BBP van de leiders: Puerto Rico (72,4%), Dominicaanse Republiek (72,1%), Jamaica (60,1%), Trinidad en Tobago (58,2%) en Cuba (55,1%). De huishoudelijke uitgaven per hoofd in de Caraïben onder de leiders: Puerto Rico ($4.625,6), Trinidad en Tobago ($3.165,0), Cuba ($1.274,4), Jamaica ($977,5) en Dominicaanse Republiek ($946,7). De groei van de huishoudelijke uitgaven onder de leiders: Cuba (4,1%), Dominicaanse Republiek (3,6%), Jamaica (3,0%), Puerto Rico (2,6%) en Trinidad en Tobago (-4,3%).

de jaren 1990

De huishoudelijke uitgaven van de Caraïben bedroeg in de jaren 1990 US$74,4 miljard per jaar, en was vergelijkbaar met Polen (US$76,3 miljard). Het aandeel in de wereld was 0,44%, en 1,1% in Amerika.

Het aandeel van de huishoudelijke uitgaven in het BBP van de Caraïben was 64,1% in de jaren 1990, en was vergelijkbaar met Noord-Amerika (64,1%), Afrika (63,9%), Amerika (64,6%).

De huishoudelijke uitgaven per hoofd in de Caraïben was $2.124,2 in de jaren 1990s, en was vergelijkbaar met Oost-Azië (US$2,1 duizend), Zuid-Afrika (US$2,1 duizend), Costa Rica (US$2,2 duizend). De huishoudelijke uitgaven per hoofd in de Caraïben was 28,3% lager dan de huishoudelijke uitgaven per hoofd van de bevolking in de wereld ($2.963,9), en was in 4,0 keer lager dan de huishoudelijke uitgaven per hoofd van de bevolking in Amerika ($2.963,9).

De groei van de huishoudelijke uitgaven in de Caraïben bedroeg 2.3% in de jaren 1990. De groei van de huishoudelijke uitgaven in de Caraïben (2,3%) was minder dan de groei van de huishoudelijke uitgaven in de wereld (3,0%), was minder dan de groei van de huishoudelijke uitgaven in Amerika (3,3%).

Vergelijking met subregio's. De huishoudelijke uitgaven van de Caraïben was minder dan in Noord-Amerika (US$5,3 biljoen), in Zuid-Amerika (US$797,3 miljard) en in Centraal-Amerika (US$348,8 miljard). De huishoudelijke uitgaven per hoofd in de Caraïben was in de Caraïben minder dan in Noord-Amerika (US$17,9 duizend), in Centraal-Amerika (US$2,8 duizend) en in Zuid-Amerika (US$2,5 duizend). De groei van de huishoudelijke uitgaven in de Caraïben was minder dan in Zuid-Amerika (3,6%), in Centraal-Amerika (3,4%) en in Noord-Amerika (3,3%).

Leiders. De huishoudelijke uitgaven van de Caraïben in de jaren 1990 bestond uit: Puerto Rico (35,5%), Cuba (21,8%), Dominicaanse Republiek (15,7%), Jamaica (5,8%), Bahama's (4,5%), en andere (16,7%). Het aandeel van de huishoudelijke uitgaven in BBP van de leiders: Dominicaanse Republiek (76,4%), Jamaica (65,7%), Cuba (62,3%), Puerto Rico (61,6%) en Bahama's (60,5%). De huishoudelijke uitgaven per hoofd in de Caraïben onder de leiders: Bahama's ($12.145,5), Puerto Rico ($7.447,9), Jamaica ($1.696,6), Dominicaanse Republiek ($1.510,1) en Cuba ($1.495,2). De groei van de huishoudelijke uitgaven onder de leiders: Dominicaanse Republiek (4,7%), Puerto Rico (4,1%), Jamaica (3,6%), Bahama's (3,2%) en Cuba (-2,9%).

de jaren 2000

De huishoudelijke uitgaven van de Caraïben bedroeg in de jaren 2000 US$131,3 miljard per jaar, en was vergelijkbaar met Zuid-Afrika (US$133,9 miljard). Het aandeel in de wereld was 0,48%, en 1,2% in Amerika.

Het aandeel van de huishoudelijke uitgaven in het BBP van de Caraïben was 60,1% in de jaren 2000, en was vergelijkbaar met Zuid-Europa (60,0%), Mongolië (60,0%), Afrika (59,9%).

De huishoudelijke uitgaven per hoofd in de Caraïben was $3.403,4 in de jaren 2000s, en was vergelijkbaar met Costa Rica (US$3,4 duizend). De huishoudelijke uitgaven per hoofd in de Caraïben was 19,1% lager dan de huishoudelijke uitgaven per hoofd van de bevolking in de wereld ($4.208,2), en was in 3,7 keer lager dan de huishoudelijke uitgaven per hoofd van de bevolking in Amerika ($4.208,2).

De groei van de huishoudelijke uitgaven in de Caraïben bedroeg 2.7% in de jaren 2000, en was vergelijkbaar met Madagaskar (2,7%). De groei van de huishoudelijke uitgaven in de Caraïben (2,7%) was minder dan de groei van de huishoudelijke uitgaven in de wereld (3,0%), was groter dan de groei van de huishoudelijke uitgaven in Amerika (2,7%).

Vergelijking met subregio's. De huishoudelijke uitgaven van de Caraïben was minder dan in Noord-Amerika (US$9,1 biljoen), in Zuid-Amerika (US$1,1 biljoen) en in Centraal-Amerika (US$665,9 miljard). De huishoudelijke uitgaven per hoofd in de Caraïben was in de Caraïben groter dan in Zuid-Amerika (US$3,1 duizend); maar minder dan in Noord-Amerika (US$27,8 duizend) en in Centraal-Amerika (US$4,6 duizend). De groei van de huishoudelijke uitgaven in de Caraïben was groter dan in Noord-Amerika (2,5%) en in Centraal-Amerika (2,4%); maar minder dan in Zuid-Amerika (3,9%).

Leiders. De huishoudelijke uitgaven van de Caraïben in de jaren 2000 bestond uit: Puerto Rico (35,0%), Cuba (18,4%), Dominicaanse Republiek (18,1%), Jamaica (6,5%), Trinidad en Tobago (5,3%), en andere (16,6%). Het aandeel van de huishoudelijke uitgaven in BBP van de leiders: Jamaica (78,4%), Dominicaanse Republiek (72,0%), Puerto Rico (56,6%), Cuba (54,2%) en Trinidad en Tobago (45,1%). De huishoudelijke uitgaven per hoofd in de Caraïben onder de leiders: Puerto Rico ($12.640,6), Trinidad en Tobago ($5.376,8), Jamaica ($3.141,5), Dominicaanse Republiek ($2.635,1) cn Cuba ($2.158,1). De groei van de huishoudelijke uitgaven onder de leiders: Dominicaanse Republiek (5,8%), Trinidad en Tobago (3,6%), Cuba (3,4%), Jamaica (1,6%) en Puerto Rico (1,5%).

de jaren 2010

De huishoudelijke uitgaven van de Caraïben bedroeg in de jaren 2010 US$216,1 miljard per jaar, en was vergelijkbaar met Thailand (US$216,4 miljard), Egypte (US$215,8 miljard), Zuid-Afrika (US$214,8 miljard). Het aandeel in de wereld was 0,49%, en 1,3% in Amerika.

Het aandeel van de huishoudelijke uitgaven in het BBP van de Caraïben was 63,4% in de jaren 2010, en was vergelijkbaar met Nieuw-Caledonië (63,5%), Peru (63,6%), Aruba (63,6%).

De huishoudelijke uitgaven per hoofd in de Caraïben was $5.215,1 in de jaren 2010s, en was vergelijkbaar met Kazachstan (US$5,3 duizend). De huishoudelijke uitgaven per hoofd in de Caraïben was 13,3% lager dan de huishoudelijke uitgaven per hoofd van de bevolking in de wereld ($6.018,5), en was in 3,3 keer lager dan de huishoudelijke uitgaven per hoofd van de bevolking in Amerika ($6.018,5).

De groei van de huishoudelijke uitgaven in de Caraïben bedroeg 2.4% in de jaren 2010, en was vergelijkbaar met Zweden (2,3%), Rusland (2,4%). De groei van de huishoudelijke uitgaven in de Caraïben (2,4%) was minder dan de groei van de huishoudelijke uitgaven in de wereld (2,8%), was groter dan de groei van de huishoudelijke uitgaven in Amerika (2,2%).

Vergelijking met subregio's. De huishoudelijke uitgaven van de Caraïben was 60,9 keer minder dan in Noord-Amerika (US$13,2 biljoen), 12,1 keer minder dan in Zuid-Amerika (US$2,6 biljoen) en 4,3 keer minder dan in Centraal-Amerika (US$935,5 miljard). De huishoudelijke uitgaven per hoofd in de Caraïben was in de Caraïben7,1 keer minder dan in Noord-Amerika (US$37,1 duizend), 18,6% minder dan in Zuid-Amerika (US$6,4 duizend) en 6,5% minder dan in Centraal-Amerika (US$5,6 duizend). De groei van de huishoudelijke uitgaven in de Caraïben was groter dan in Zuid-Amerika (1,1%); maar minder dan in Centraal-Amerika (2,8%) en in Noord-Amerika (2,4%).

Leiders. De huishoudelijke uitgaven van de Caraïben in de jaren 2010 bestond uit: Puerto Rico (28,6%), Dominicaanse Republiek (23,2%), Cuba (21,5%), Trinidad en Tobago (6,3%), Jamaica (5,5%), en andere (15,0%). Het aandeel van de huishoudelijke uitgaven in BBP van de leiders: Jamaica (81,2%), Dominicaanse Republiek (71,3%), Puerto Rico (60,5%), Trinidad en Tobago (55,4%) en Cuba (54,9%). De huishoudelijke uitgaven per hoofd in de Caraïben onder de leiders: Puerto Rico ($18.507,3), Trinidad en Tobago ($9.939,9), Dominicaanse Republiek ($4.903,4), Cuba ($4.106,5) en Jamaica ($4.095,5). De groei van de huishoudelijke uitgaven onder de leiders: Dominicaanse Republiek (4,8%), Cuba (4,1%), Trinidad en Tobago (2,1%), Puerto Rico (0,39%) en Jamaica (0,29%).

Hoofdstuk XIV. Voedsel consumptie

Tijdens de onderzoeksperiode groeide de voedselconsumptie in specerijen (in 2,9 keer), noten (in 2,4 keer), groenten (in 2,1 keer), plantaardige oliën (met 89,5%), vlees (met 69,1%), alcoholische dranken (met 54,6%), peulvruchten (met 36,6%), fruit (met 36,2%), eieren (met 18,6%), zetmeelrijke wortels (met 12,2%), granen (met 5,4%), maar daalde in suiker (met 7,8%), stimulerende middelen (met 27,1%), vis (met 37,5%), melk (met 42,5%).

Dit zijn de correlatiecoëfficiënten tussen het bni per hoofd van de bevolking in constante prijzen en de voedselconsumptie: peulvruchten (0.976), vlees (0.975), plantaardige oliën (0.964), specerijen (0.957), alcoholische dranken (0.939), fruit (0.91), noten (0.906), groenten (0.906), zetmeelrijke wortels (0.573), eieren (0.451), granen (0.415), stimulerende middelen (-0.391), suiker (-0.68), vis (-0.863), melk (-0.866).

de jaren 1970

De consumptie van kcal in de Caraïben was 2.385,1 kcal/hoofd/dag in the 1970s, and was on a par with de Centraal-Afrikaanse Republiek (2.387,7 kcal/hoofd/dag), Belize (2.391,0 kcal/hoofd/dag), de Bahama's (2.393,8 kcal/hoofd/dag). De consumptie van kcal in de Caraïben was minder dan in de wereld (2.403,2 kcal/hoofd/dag), en was minder dan in Amerika (2.754,7 kcal/hoofd/dag). De structuur van de consumptie: granen (35.6%), suiker (16.9%), zetmeelrijke wortels (7%), fruit (6.5%), plantaardige oliën (6.3%), en anderen (27.7%).

De consumptie van eiwitten in de Caraïben was 57,4 g/hoofd/dag in the 1970s, and was on a par with Rwanda (57,5 g/hoofd/dag), Panama (57,6 g/hoofd/dag), Costa Rica (57,9 g/hoofd/dag). De consumptie van eiwitten in de Caraïben was minder dan in de wereld (65,0 g/hoofd/dag), en was minder dan in Amerika (79,0 g/hoofd/dag). De structuur van de consumptie: granen (36.5%), vlees (16.5%), melk (14.2%), peulvruchten (11.3%), vis (6%), en anderen (15.5%).

De consumptie van vet in de Caraïben was 56,2 g/hoofd/dag in the 1970s. De consumptie van vet in de Caraïben was groter dan in de wereld (55,1 g/hoofd/dag), en was minder dan in Amerika (85,8 g/hoofd/dag). De structuur van de consumptie: plantaardige oliën (30.1%), vlees (19%), melk (8.5%), granen (5.7%), fruit (2.8%), en anderen (33.9%).

Dit zijn niveaus van voedselconsumptie: fruit (106,8 kg/hoofd/jr), granen (100,8 kg/hoofd/jr), melk (94,5 kg/hoofd/jr), zetmeelrijke wortels (66,9 kg/hoofd/jr), suiker (41,7 kg/hoofd/jr), groenten (34,1 kg/hoofd/jr), vlees (26,3 kg/hoofd/jr), alcoholische dranken (19,9 kg/hoofd/jr), vis (12,5 kg/hoofd/jr), peulvruchten (10,9 kg/hoofd/jr), plantaardige oliën (6,2 kg/hoofd/jr), eieren (4,8 kg/hoofd/jr), stimulerende middelen (3,3 kg/hoofd/jr), specerijen (0,26 kg/hoofd/jr), noten (0,078 kg/hoofd/jr).

de jaren 1980

De consumptie van kcal in de Caraïben was 2.530,5 kcal/hoofd/dag in the 1980s, and was on a par with Colombia (2.527,8 kcal/hoofd/dag), Belize (2.534,8 kcal/hoofd/dag), Paraguay (2.524,8 kcal/hoofd/dag). De consumptie van kcal in de Caraïben was minder dan in de wereld (2.572,3 kcal/hoofd/dag), en was minder dan in Amerika (2.917,7 kcal/hoofd/dag). De structuur van de consumptie: granen (35.3%), suiker (17.3%), plantaardige oliën (8%), fruit (6.6%), vlees (5.8%), en anderen (27%).

De consumptie van eiwitten in de Caraïben was 61,0 g/hoofd/dag in the 1980s, and was on a par with Grenada (61,3 g/hoofd/dag), Mauritius (61,3 g/hoofd/dag), Kenia (60,7 g/hoofd/dag). De consumptie van eiwitten in de Caraïben was minder dan in de wereld (69,1 g/hoofd/dag), en was minder dan in Amerika (81,7 g/hoofd/dag). De structuur van de consumptie: granen (36.2%), vlees (17.1%), melk (14%), peulvruchten (10.8%), vis (6.2%), en anderen (15.7%).

De consumptie van vet in de Caraïben was 63,1 g/hoofd/dag in the 1980s, and was on a par with de Wereld (63,2 g/hoofd/dag), Panama (63,2 g/hoofd/dag), Zuidelijk Afrika (62,8 g/hoofd/dag). De consumptie van vet in de Caraïben was minder dan in de wereld (63,2 g/hoofd/dag), en was minder dan in Amerika (96,3 g/hoofd/dag). De structuur van de consumptie: plantaardige oliën (36.2%), vlees (17.8%), melk (8.7%), granen (5.1%), fruit (2.4%), en anderen (29.8%).

Dit zijn niveaus van voedselconsumptie: fruit (115,9 kg/hoofd/jr), granen (105,7 kg/hoofd/jr), melk (97,7 kg/hoofd/jr), zetmeelrijke wortels (57,0 kg/hoofd/jr), suiker (45,2 kg/hoofd/jr), groenten (43,4 kg/hoofd/jr), vlees (29,7 kg/hoofd/jr), alcoholische dranken (25,0 kg/hoofd/jr), vis (13,0 kg/hoofd/jr), peulvruchten (11,1 kg/hoofd/jr), plantaardige oliën (8,3 kg/hoofd/jr), eieren (5,1 kg/hoofd/jr), stimulerende middelen (3,0 kg/hoofd/jr), specerijen (0,34 kg/hoofd/jr), noten (0,088 kg/hoofd/jr).

de jaren 1990

De consumptie van kcal in de Caraïben was 2.293,9 kcal/hoofd/dag in the 1990s, and was on a par with Zuidoost-Azië (2.289,5 kcal/hoofd/dag), Burkina Faso (2.299,2 kcal/hoofd/dag), de Filipijnen (2.288,4 kcal/hoofd/dag). De consumptie van kcal in de Caraïben was minder dan in de wereld (2.652,6 kcal/hoofd/dag), en was minder dan in Amerika (3.035,8 kcal/hoofd/dag). De structuur van de consumptie: granen (35.4%), suiker (18.1%), plantaardige oliën (9.9%), fruit (6%), vlees (5.9%), en anderen (24.7%).

De consumptie van eiwitten in de Caraïben was 53,7 g/hoofd/dag in the 1990s, and was on a par with Gambia (53,8 g/hoofd/dag), Irak (53,8 g/hoofd/dag), Oost-Timor (53,4 g/hoofd/dag). De consumptie van eiwitten in de Caraïben was minder dan in de wereld (72,1 g/hoofd/dag), en was minder dan in Amerika (86,2 g/hoofd/dag). De structuur van de consumptie: granen (36.6%), vlees (17.8%), peulvruchten (12.7%), melk (12.3%), vis (5.1%), en anderen (15.5%).

De consumptie van vet in de Caraïben was 55,7 g/hoofd/dag in the 1990s, and was on a par with Guinee-Bissau (55,8 g/hoofd/dag), Egypte (55,5 g/hoofd/dag), Suriname (56,2 g/hoofd/dag). De consumptie van vet in de Caraïben was minder dan in de wereld (69,0 g/hoofd/dag), en was minder dan in Amerika (100,9 g/hoofd/dag). De structuur van de consumptie: plantaardige oliën (45.9%), vlees (18.8%), melk (8%), granen (5.4%), eieren (1.7%), en anderen (20.2%).

Dit zijn niveaus van voedselconsumptie: fruit (104,5 kg/hoofd/jr), granen (93,4 kg/hoofd/jr), melk (74,3 kg/hoofd/jr), zetmeelrijke wortels (55,0 kg/hoofd/jr), suiker (42,8 kg/hoofd/jr), groenten (41,8 kg/hoofd/jr), vlees (28,9 kg/hoofd/jr), alcoholische dranken (22,5 kg/hoofd/jr), peulvruchten (11,4 kg/hoofd/jr), vis (10,1 kg/hoofd/jr), plantaardige oliën (9,3 kg/hoofd/jr), eieren (4,0 kg/hoofd/jr), stimulerende middelen (2,4 kg/hoofd/jr), specerijen (0,39 kg/hoofd/jr), noten (0,078 kg/hoofd/jr).

de jaren 2000

De consumptie van kcal in de Caraïben was 2.564,2 kcal/hoofd/dag in the 2000s, and was on a par with Armenië (2.559,4 kcal/hoofd/dag), El Salvador (2.583,8 kcal/hoofd/dag), Centraal-Azië (2.589,0 kcal/hoofd/dag). De consumptie van kcal in de Caraïben was minder dan in de wereld (2.765,9 kcal/hoofd/dag), en was minder dan in Amerika (3.186,4 kcal/hoofd/dag). De structuur van de consumptie: granen (36.3%), suiker (15.9%), plantaardige oliën (9.7%), fruit (6.6%), vlees (6.5%), en anderen (25%).

De consumptie van eiwitten in de Caraïben was 61,6 g/hoofd/dag in the 2000s, and was on a par with Myanmar (61,5 g/hoofd/dag), Nigeria (61,3 g/hoofd/dag), West-Afrika (61,2 g/hoofd/dag). De consumptie van eiwitten in de Caraïben was minder dan in de wereld (76,5 g/hoofd/dag), en was minder dan in Amerika (91,2 g/hoofd/dag). De structuur van de consumptie: granen (35.8%), vlees (19.6%), peulvruchten (13.1%), melk (9%), vis (4.8%), en anderen (17.7%).

De consumptie van vet in de Caraïben was 62,3 g/hoofd/dag in the 2000s, and was on a par with Marokko (61,9 g/hoofd/dag). De consumptie van vet in de Caraïben was minder dan in de wereld (76,9 g/hoofd/dag), en was minder dan in Amerika (113,5 g/hoofd/dag). De structuur van de consumptie: plantaardige oliën (45.1%), vlees (20.6%), melk (7.7%), granen (6.4%), fruit (2.3%), en anderen (17.9%).

Dit zijn niveaus van voedselconsumptie: fruit (129,1 kg/hoofd/jr), granen (105,1 kg/hoofd/jr), groenten (76,9 kg/hoofd/jr), zetmeelrijke wortels (64,1 kg/hoofd/jr), melk (63,6 kg/hoofd/jr), suiker (42,0 kg/hoofd/jr), vlees (37,4 kg/hoofd/jr), alcoholische dranken (28,6 kg/hoofd/jr), peulvruchten (13,6 kg/hoofd/jr), vis (10,4 kg/hoofd/jr), plantaardige oliën (10,3 kg/hoofd/jr), eieren (4,6 kg/hoofd/jr), stimulerende middelen (3,2 kg/hoofd/jr), specerijen (0,47 kg/hoofd/jr), noten (0,19 kg/hoofd/jr).

de jaren 2010

De consumptie van kcal in de Caraïben was 2.699,0 kcal/hoofd/dag in the 2010s, and was on a par with Moldavië (2.701,8 kcal/hoofd/dag), Nigeria (2.694,3 kcal/hoofd/dag), Burkina Faso (2.693,0 kcal/hoofd/dag). De consumptie van kcal in de Caraïben was minder dan in de wereld (2.869,3 kcal/hoofd/dag), en was minder dan in Amerika (3.219,3 kcal/hoofd/dag). De structuur van de consumptie: granen (35.2%), suiker (13.9%), plantaardige oliën (10.5%), vlees (7.5%), zetmeelrijke wortels (7%), en anderen (25.9%).

De consumptie van eiwitten in de Caraïben was 66,6 g/hoofd/dag in the 2010s, and was on a par with Laos (66,5 g/hoofd/dag), Zuidoost-Azië (66,5 g/hoofd/dag), Nicaragua (66,5 g/hoofd/dag). De consumptie van eiwitten in de Caraïben was minder dan in de wereld (80,6 g/hoofd/dag), en was minder dan in Amerika (92,7 g/hoofd/dag). De structuur van de consumptie: granen (33.5%), vlees (21.9%), peulvruchten (13.1%), melk (8.5%), vis (3.9%), en anderen (19.1%).

De consumptie van vet in de Caraïben was 70,4 g/hoofd/dag in the 2010s, and was on a par with Myanmar (70,2 g/hoofd/dag), Oezbekistan (71,0 g/hoofd/dag). De consumptie van vet in de Caraïben was minder dan in de wereld (82,4 g/hoofd/dag), en was minder dan in Amerika (118,2 g/hoofd/dag). De structuur van de consumptie: plantaardige oliën (45.4%), vlees (21.9%), melk (7.5%), granen (6.1%), fruit (2.7%), en anderen (16.4%).

Dit zijn niveaus van voedselconsumptie: fruit (145,4 kg/hoofd/jr), granen (106,3 kg/hoofd/jr), zetmeelrijke wortels (75,1 kg/hoofd/jr), groenten (70,1 kg/hoofd/jr), melk (66,3 kg/hoofd/jr), vlees (44,5 kg/hoofd/jr), suiker (38,7 kg/hoofd/jr), alcoholische dranken (30,8 kg/hoofd/jr), peulvruchten (14,9 kg/hoofd/jr), plantaardige oliën (11,7 kg/hoofd/jr), vis (9,1 kg/hoofd/jr), eieren (5,7 kg/hoofd/jr), stimulerende middelen (2,6 kg/hoofd/jr), specerijen (0,75 kg/hoofd/jr), noten (0,19 kg/hoofd/jr).

Part V. Reproductie

Index van Koesjnir, (-) consumptie - (+) reproductie

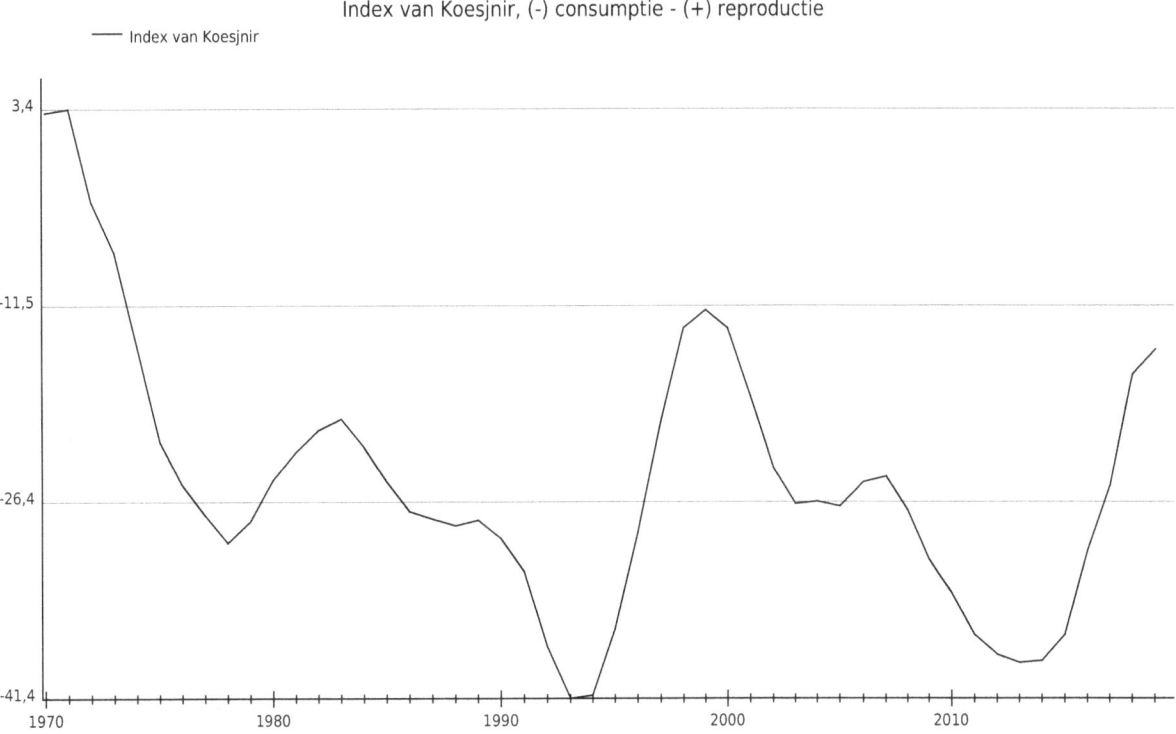

Hoofdstuk XV. Bruto-investeringen in vaste activa

De bruto-investeringen in vaste activa van de Caraïben steeg van US$7,4 miljard per jaar in de jaren 1970 tot US$52,7 miljard per jaar in de jaren 2010, dat wil zeggen met US$45,3 miljard of 7,2 keer. De verandering vond plaats op US$31,9 miljard als gevolg van een 2,5-voudige stijging van de prijzen, en ook op US$9,2 miljard als gevolg van een 1,8-voudige toename van het tarief per hoofd , evenals op US$4,2 miljard als gevolg van de toename van de bevolking. De gemiddelde jaarlijkse groei van de investeringen in vaste activa is 2,8%. De minimumwaarde van de investeringen in vaste activa bedroeg US$4,2 miljard in 1970. De maximumwaarde van de investeringen in vaste activa bedroeg US$66,9 miljard in 2018.

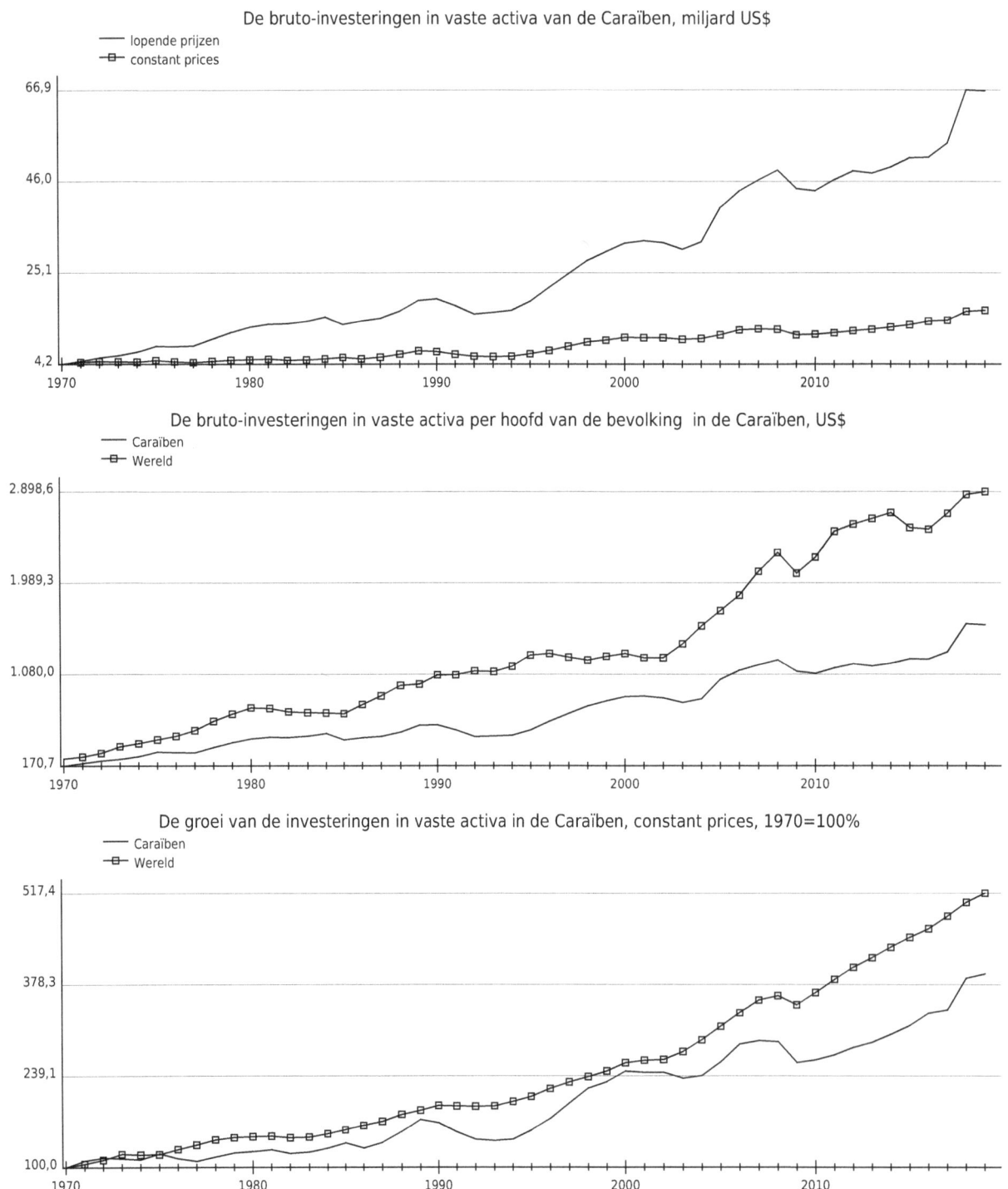

De bruto-investeringen in vaste activa van de Caraïben, miljard US$

De bruto-investeringen in vaste activa per hoofd van de bevolking in de Caraïben, US$

De groei van de investeringen in vaste activa in de Caraïben, constant prices, 1970=100%

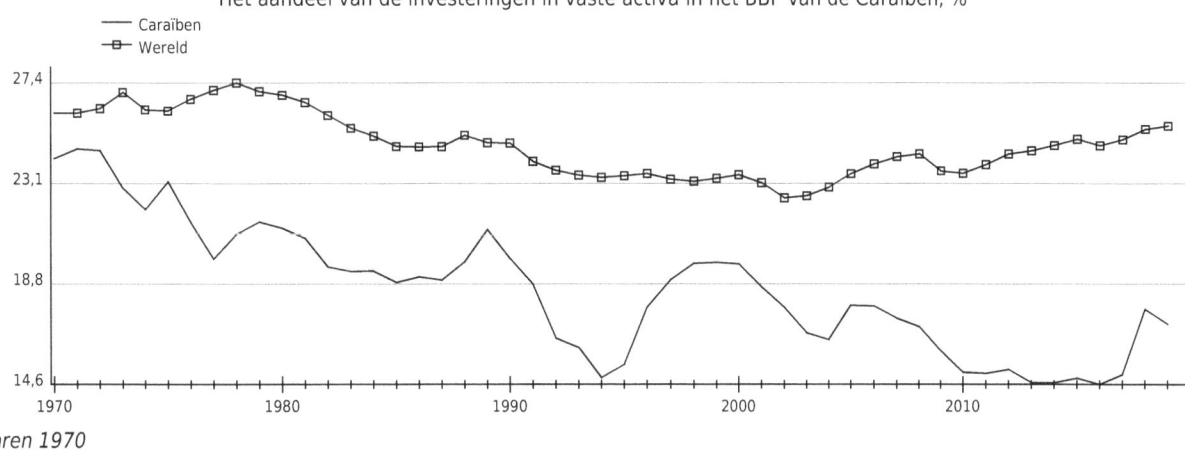

Het aandeel van de investeringen in vaste activa in het BBP van de Caraïben, %

de jaren 1970

De bruto-investeringen in vaste activa van de Caraïben bedroeg in de jaren 1970 US$7,4 miljard per jaar, en was vergelijkbaar met Finland (US$7,4 miljard). Het aandeel in de wereld was 0,42%, en 1,4% in Amerika.

Het aandeel van de investeringen in vaste activa in het BBP van de Caraïben was 22,1% in de jaren 1970, en was vergelijkbaar met Saoedi-Arabië (22,1%), Brazilië (22,0%), Qatar (22,2%).

De bruto-investeringen in vaste activa per hoofd in de Caraïben was $278,0 in de jaren 1970s, en was vergelijkbaar met Zuid-Amerika (US$284,7). De bruto-investeringen in vaste activa per hoofd in de Caraïben was 35,9% lager dan de investeringen in vaste activa per hoofd van de bevolking in de wereld ($433,5), en was in 3,3 keer lager dan de investeringen in vaste activa per hoofd van de bevolking in Amerika ($433,5).

De groei van de investeringen in vaste activa in de Caraïben bedroeg 2.2% in de jaren 1970, en was vergelijkbaar met Equatoriaal-Guinea (2,2%), Italië (2,2%). De groei van de investeringen in vaste activa in de Caraïben (2,2%) was minder dan de groei van de investeringen in vaste activa in de wereld (4,2%), was minder dan de groei van de investeringen in vaste activa in Amerika (5,3%).

Vergelijking met subregio's. De investeringen in vaste activa van de Caraïben was minder dan in Noord-Amerika (US$420,6 miljard), in Zuid-Amerika (US$60,7 miljard) en in Centraal-Amerika (US$22,7 miljard). De investeringen in vaste activa per hoofd in de Caraïben was in de Caraïben minder dan in Noord-Amerika (US$1.744,0), in Centraal-Amerika (US$286,9) en in Zuid-Amerika (US$284,7). De groei van de investeringen in vaste activa in de Caraïben was minder dan in Zuid-Amerika (8,3%), in Centraal-Amerika (7,4%) en in Noord-Amerika (4,5%).

Leiders. De bruto-investeringen in vaste activa van de Caraïben in de jaren 1970 bestond uit: Cuba (41,6%), Puerto Rico (23,3%), Dominicaanse Republiek (11,3%), Trinidad en Tobago (7,3%), Jamaica (6,3%), en andere (10,1%). Het aandeel van de investeringen in vaste activa in BBP van de leiders: Cuba (25,4%), Trinidad en Tobago (24,1%), Puerto Rico (20,5%), Dominicaanse Republiek (20,2%) en Jamaica (16,1%). De bruto-investeringen in vaste activa per hoofd in de Caraïben onder de leiders: Puerto Rico ($607,8), Trinidad en Tobago ($538,4), Cuba ($328,7), Jamaica ($231,1) en Dominicaanse Republiek ($163,2). De groei van de investeringen in vaste activa onder de leiders: Trinidad en Tobago (14,6%), Dominicaanse Republiek (11,5%), Cuba (5,4%), Puerto Rico (-2,9%) en Jamaica (-8,9%).

de jaren 1980

De investeringen in vaste activa van de Caraïben bedroeg in de jaren 1980 US$14,5 miljard per jaar, en was vergelijkbaar met Griekenland (US$14,7 miljard). Het aandeel in de wereld was 0,38%, en 1,2% in Amerika.

Het aandeel van de investeringen in vaste activa in het BBP van de Caraïben was 19,8% in de jaren 1980, en was vergelijkbaar met Suriname (19,8%), de Cookeilanden (19,6%).

De investeringen in vaste activa per hoofd in de Caraïben was $472,1 in de jaren 1980s. De bruto-investeringen in vaste activa per hoofd in de Caraïben was 40,3% lager dan de investeringen in vaste activa per hoofd van de bevolking in de wereld ($790,9), en was in 3,9 keer lager dan de investeringen in vaste activa per hoofd van de bevolking in Amerika ($790,9).

De groei van de investeringen in vaste activa in de Caraïben bedroeg 3.5% in de jaren 1980, en was vergelijkbaar met Zimbabwe (3,5%), de Dominicaanse Republiek (3,6%), Somalië (3,6%). De groei van de investeringen in vaste activa in de Caraïben (3,5%) was groter dan de groei van de investeringen in vaste activa in de wereld (2,5%), was groter dan de groei van de investeringen in vaste activa in Amerika (1,9%).

Vergelijking met subregio's. De investeringen in vaste activa van de Caraïben was minder dan in Noord-Amerika (US$1,0 biljoen), in Zuid-Amerika (US$115,8 miljard) en in Centraal-Amerika (US$49,5 miljard). De bruto-investeringen in vaste activa per hoofd in de Caraïben was in de Caraïben groter dan in Zuid-Amerika (US$436,8); maar minder dan in Noord-Amerika (US$3,9 duizend) en in Centraal-Amerika (US$489,4). De groei van de investeringen in vaste activa in de Caraïben was groter dan in Noord-Amerika (3,1%), in Centraal-Amerika (-1,1%) en in Zuid-Amerika (-2,6%).

Leiders. De bruto-investeringen in vaste activa van de Caraïben in de jaren 1980 bestond uit: Cuba (40,8%), Puerto Rico (17,8%), Dominicaanse Republiek (12,4%), Trinidad en Tobago (9,7%), Bahama's (4,5%), en andere (14,7%). Het aandeel van de investeringen in vaste activa in BBP van de leiders: Cuba (25,3%), Trinidad en Tobago (22,4%), Dominicaanse Republiek (21,5%), Bahama's (20,3%) en Puerto Rico (12,5%). De bruto-investeringen in vaste activa per hoofd in de Caraïben onder de leiders: Bahama's ($2.838,2), Trinidad en Tobago ($1.216,9), Puerto Rico ($799,3), Cuba ($586,1) en Dominicaanse Republiek ($282,5). De groei van de investeringen in vaste activa onder de leiders: Bahama's (14,3%), Cuba (4,3%), Puerto Rico (4,0%), Dominicaanse Republiek (3,6%) en Trinidad en Tobago (-9,1%).

de jaren 1990

De investeringen in vaste activa van de Caraïben bedroeg in de jaren 1990 US$20,8 miljard per jaar. Het aandeel in de wereld was 0,31%, en 1,00% in Amerika.

Het aandeel van de investeringen in vaste activa in het BBP van de Caraïben was 17,9% in de jaren 1990.

De bruto-investeringen in vaste activa per hoofd in de Caraïben was $593,3 in de jaren 1990s, en was vergelijkbaar met Oost-Europa (US$588,6), Panama (US$600,5), Costa Rica (US$605,0). De investeringen in vaste activa per hoofd in de Caraïben was 49,9% lager dan de investeringen in vaste activa per hoofd van de bevolking in de wereld ($1.183,8), en was in 4,5 keer lager dan de investeringen in vaste activa per hoofd van de bevolking in Amerika ($1.183,8).

De groei van de investeringen in vaste activa in de Caraïben bedroeg 2.9% in de jaren 1990, en was vergelijkbaar met Zuid-Amerika (2,9%). De groei van de investeringen in vaste activa in de Caraïben (2,9%) was groter dan de groei van de investeringen in vaste activa in de wereld (2,8%), was minder dan de groei van de investeringen in vaste activa in Amerika (4,4%).

Vergelijking met subregio's. De bruto-investeringen in vaste activa van de Caraïben was minder dan in Noord-Amerika (US$1,7 biljoen), in Zuid-Amerika (US$230,6 miljard) en in Centraal-Amerika (US$99,7 miljard). De investeringen in vaste activa per hoofd in de Caraïben was in de Caraïben minder dan in Noord-Amerika (US$5,9 duizend), in Centraal-Amerika (US$807,8) en in Zuid-Amerika (US$722,0). De groei van de investeringen in vaste activa in de Caraïben was groter dan in Zuid-Amerika (2,9%); maar minder dan in Centraal-Amerika (6,9%) en in Noord-Amerika (4,5%).

Leiders. De bruto-investeringen in vaste activa van de Caraïben in de jaren 1990 bestond uit: Puerto Rico (33,5%), Cuba (17,3%), Dominicaanse Republiek (14,8%), Jamaica (7,4%), Bahama's (6,3%), en andere (20,7%). Het aandeel van de investeringen in vaste activa in BBP van de leiders: Bahama's (23,6%), Jamaica (23,5%), Dominicaanse Republiek (20,0%), Puerto Rico (16,2%) en Cuba (13,8%). De bruto-investeringen in vaste activa per hoofd in de Caraïben onder de leiders: Bahama's ($4.743,2), Puerto Rico ($1.962,0), Jamaica ($606,3), Dominicaanse Republiek ($396,3) en Cuba ($331,9). De groei van de investeringen in vaste activa onder de leiders: Puerto Rico (7,5%), Dominicaanse Republiek (6,6%), Bahama's (5,1%), Jamaica (1,4%) en Cuba (-9,0%).

de jaren 2000

De bruto-investeringen in vaste activa van de Caraïben bedroeg in de jaren 2000 US$38,2 miljard per jaar, en was vergelijkbaar met Venezuela (US$38,4 miljard), Argentinië (US$38,7 miljard). Het aandeel in de wereld was 0,35%, en 1,1% in Amerika.

Het aandeel van de investeringen in vaste activa in het BBP van de Caraïben was 17,5% in de jaren 2000, en was vergelijkbaar met het Verenigd Koninkrijk (17,5%).

De investeringen in vaste activa per hoofd in de Caraïben was $988,7 in de jaren 2000s, en was vergelijkbaar met Argentinië (US$1.000,0), Dominica (US$1.000,2). De bruto-investeringen in vaste activa per hoofd in de Caraïben was 41,5% lager dan de investeringen in vaste activa per hoofd van de bevolking in de wereld ($1.690,7), en was in 4,1 keer lager dan de investeringen in vaste activa per hoofd van de bevolking in Amerika ($1.690,7).

De groei van de investeringen in vaste activa in de Caraïben bedroeg 1.2% in de jaren 2000. De groei van de investeringen in vaste activa in de Caraïben (1,2%) was minder dan de groei van de investeringen in vaste activa in de wereld (3,5%), was minder dan de groei van de investeringen in vaste activa in Amerika (1,3%).

Vergelijking met subregio's. De bruto-investeringen in vaste activa van de Caraïben was minder dan in Noord-Amerika (US$3,0 biljoen), in Zuid-Amerika (US$344,0 miljard) en in Centraal-Amerika (US$203,9 miljard). De bruto-investeringen in vaste activa per hoofd in de Caraïben was in de Caraïben groter dan in Zuid-Amerika (US$932,4); maar minder dan in Noord-Amerika (US$9,2 duizend) en in Centraal-Amerika (US$1.405,9). De groei van de investeringen in vaste activa in de Caraïben was groter dan in Noord-Amerika (0,66%); maar minder dan in Zuid-Amerika (4,7%) en in Centraal-Amerika (1,8%).

Leiders. De bruto-investeringen in vaste activa van de Caraïben in de jaren 2000 bestond uit: Puerto Rico (30,0%), Dominicaanse Republiek (21,3%), Cuba (11,3%), Trinidad en Tobago (7,7%), Jamaica (7,3%), en andere (22,5%). Het aandeel van de investeringen in vaste activa in BBP van de leiders: Jamaica (25,4%), Dominicaanse Republiek (24,6%), Trinidad en Tobago (19,0%), Puerto Rico (14,1%) en Cuba (9,7%). De bruto-investeringen in vaste activa per hoofd in de Caraïben onder de leiders: Puerto Rico ($3.142,2), Trinidad en Tobago ($2.267,2), Jamaica ($1.016,7), Dominicaanse Republiek ($898,5) en Cuba ($385,5). De groei van de investeringen in vaste activa onder de leiders: Trinidad en Tobago (7,6%), Cuba (5,7%), Dominicaanse Republiek (2,3%), Jamaica (0,61%) en Puerto Rico (-2,8%).

de jaren 2010

De bruto-investeringen in vaste activa van de Caraïben bedroeg in de jaren 2010 US$52,7 miljard per jaar. Het aandeel in de wereld was 0,27%, en 1,0% in Amerika.

Het aandeel van de investeringen in vaste activa in het BBP van de Caraïben was 15,4% in de jaren 2010, en was vergelijkbaar met Argentinië (15,5%), Egypte (15,3%).

De bruto-investeringen in vaste activa per hoofd in de Caraïben was $1.271,2 in de jaren 2010s, en was vergelijkbaar met Mongolië (US$1.277,8), Noord-Macedonië (US$1.279,4), Namibië (US$1.280,6). De bruto-investeringen in vaste activa per hoofd in de Caraïben was in 2,1 keer lager dan de investeringen in vaste activa per hoofd van de bevolking in de wereld ($2.621,1), en was in 4,2 keer lager dan de investeringen in vaste activa per hoofd van de bevolking in Amerika ($2.621,1).

De groei van de investeringen in vaste activa in de Caraïben bedroeg 4.3% in de jaren 2010. De groei van de investeringen in vaste activa in de Caraïben (4,3%) was groter dan de groei van de investeringen in vaste activa in de wereld (4,1%), was groter dan de groei van de investeringen in vaste activa in Amerika (2,9%).

Vergelijking met subregio's. De investeringen in vaste activa van de Caraïben was 76,0 keer minder dan in Noord-Amerika (US$4,0 biljoen), 14,9 keer minder dan in Zuid-Amerika (US$785,4 miljard) en 5,9 keer minder dan in Centraal-Amerika (US$310,3 miljard). De bruto-investeringen in vaste activa per hoofd in de Caraïben was in de Caraïben8,9 keer minder dan in Noord-Amerika (US$11,3 duizend), 33,7% minder dan in Zuid-Amerika (US$1.915,9) en 31,3% minder dan in Centraal-Amerika (US$1.849,9). De groei van de investeringen in vaste activa in de Caraïben was groter dan in Noord-Amerika (3,7%), in Centraal-Amerika (2,2%) en in Zuid-Amerika (-1,1%).

Leiders. De bruto-investeringen in vaste activa van de Caraïben in de jaren 2010 bestond uit: Dominicaanse Republiek (32,3%), Puerto Rico (19,8%), Cuba (14,4%), Trinidad en Tobago (7,6%), Jamaica (6,0%), en andere (19,9%). Het aandeel van de investeringen in vaste activa in BBP van de leiders: Dominicaanse Republiek (24,2%), Jamaica (21,6%), Trinidad en Tobago (16,3%), Puerto Rico (10,2%) en Cuba (9,0%). De bruto-investeringen in vaste activa per hoofd in de Caraïben onder de leiders: Puerto Rico ($3.115,0), Trinidad en Tobago ($2.932,2), Dominicaanse Republiek ($1.666,7), Jamaica ($1.088,8) en Cuba ($673,0). De groei van de investeringen in vaste activa onder de leiders: Dominicaanse Republiek (7,1%), Cuba (4,8%), Puerto Rico (3,8%), Trinidad en Tobago (3,7%) en Jamaica (1,6%).